Anonymus Gourmet
200 RECEITAS INÉDITAS

Livros do autor publicados pela **L&PM** EDITORES

Coleção **L&PM** Pocket:

100 receitas de aves e ovos
100 receitas com lata
100 receitas de liqüidificador
200 receitas inéditas do Anonymus Gourmet
Anonymus Gourmet em Histórias de cama & mesa
Dieta mediterrânea (c/ Fernando Lucchese)
Comer bem, sem culpa (c/ Fernando Lucchese e Iotti)
Cozinha sem segredos
Mais receitas do Anonymus Gourmet
Na mesa ninguém envelhece
Novas receitas do Anonymus Gourmet
Receitas da família
Receitas fáceis
Voltaremos!

Livros convencionais:

233 receitas do Anonymus Gourmet
A boa mesa com sotaque italiano (com Iotti)
O brasileiro que ganhou o prêmio Nobel
Copos de cristal
Enciclopédia das mulheres
Meio século de Correio do Povo
Opinião x censura
Recuerdos do futuro

José Antonio Pinheiro Machado

Anonymus **Gourmet**
200 RECEITAS INÉDITAS

www.lpm.com.br

Coleção **L&PM** POCKET, vol. 390

Primeira edição na Coleção **L&PM** POCKET: outubro de 2004
Esta reimpressão: outubro de 2010

Capa: José Antonio Pinheiro Machado, Ivan Pinheiro Machado e Marco Cena
Foto da contra capa: Ivan Pinheiro Machado
Editoração: Jó Saldanha
Revisão: Jó Saldanha e Renato Deitos

ISBN 978-85-254-1430-4

P654r   Pinheiro Machado, José Antonio, 1949-
         200 receitas inéditas do Anonymus Gourmet / José Antonio Pinheiro Machado. -- Porto Alegre: L&PM, 2010.
        208 p. ; 18 cm -- (Coleção L&PM POCKET)

        1. Arte culinária-Receitas. 2.Machado, José Antonio Pinheiro Machado. I. Título. II. Série.

CDU 641.55(083.12)

Catalogação elaborada por Izabel A. Merlo, CRB 10/329

© José Antonio Pinheiro Machado, 2004

Todos os direitos desta edição reservados a L&PM Editores
Rua Comendador Coruja 314, loja 9 – Floresta – 90220-180
Porto Alegre – RS – Brasil / Fone: 51.3225.5777 – Fax: 51.3221-5380
PEDIDOS & DEPTO. COMERCIAL: vendas@lpm.com.br
FALE CONOSCO: info@lpm.com.br
www.lpm.com.br

Impresso no Brasil
Primavera de 2010

Cheguei a uma idade em que o amor, a ambição e a riqueza se tornam insignificantes diante de um bife realmente bem grelhado.

SOMERSET MAUGHAM

Sumário

Massas / 13
Carnes / 23
Aves / 52
Diversos / 63
Arroz / 119
Peixes / 125
Caldos e sopas / 142
Biscoitos, bolos, pães e cucas / 146
Sobremesas / 173
Índice de receitas / 202

Estas *200 receitas inéditas* dão continuidade a uma série de livros anteriores do Anonymus Gourmet: *Novas receitas*, *Mais receitas* e *Cozinha sem segredos*.

A idéia geral é apresentar sugestões criativas, com ingredientes comuns e de baixo preço, fácil preparo e resultados saborosos.

É claro que os cozinheiros experimentados terão mais rapidez na execução das receitas. Mas a maioria delas poderá ser realizada por pessoas inexperientes na cozinha que tenham, no mínimo, a vontade de encantar alguém com uma surpresa de forno e fogão.

Receitas

1 copo de caldo (de carne, de galinha, de legumes) – considera-se 1 copo do caldo preparado ao ferver a carne, ou a galinha ou os legumes, ou então 1 tablete de caldo pronto, dissolvido em 1 copo de água fervente.

1 colher – é uma colher de sopa, salvo quando for especificado (p. ex.: 1 colher de chá).

Espaguete com brócolis
(4 PESSOAS)

500g de espaguete
1kg de brócolis
1 lata de sardinha em óleo
2 dentes de alho
½ xícara de azeite de oliva

Escolha os brócolis aproveitando somente as folhas, as flores e os talos novos. Cozinhe-os em água, mas não os deixe amolecer muito. Escorra-os. Frite o alho no azeite de oliva, junte as sardinhas e os brócolis, refogue por aproximadamente 12 minutos. Cozinhe o espaguete em abundante água com sal. Retire-o *al dente*. Escorra a água, coloque o espaguete num prato e cubra-o com o molho.

Espaguete com ervas e presunto
(2 PESSOAS)

250g de espaguete
1 xícara de ervilhas
200g de creme de leite
150g de presunto cozido

folhas de ½ maço de ervas frescas (salsinha, manjericão e tomilho)

3 colheres de chá de sal

Cozinhe o espaguete numa panela com 2 litros e meio de água fervente e o sal, por 8 minutos, ou até ficar *al dente*. Nos 2 últimos minutos, junte as ervilhas. Escorra a água e distribua a massa nos pratos. Enquanto isso, misture numa tigela o creme de leite com o presunto picado, as ervas também picadas, um pouco de sal e pimenta. Distribua o molho sobre a massa (bem quente, assim que escorrer) e sirva em seguida.

Espaguete com nozes
(4 PESSOAS)

3 beringelas médias
2 xícaras de molho de tomate
3 gemas cozidas e amassadas
½ xícara de nozes moídas
3 colheres de azeite de oliva
400g de espaguete

Ligue o forno à temperatura média. Lave as berinelas, coloque-as numa assadeira e leve ao forno por 30 minutos, ou até ficarem macias e com a casca enrugada. Retire-as do forno, corte-as ao meio, no sentido do comprimento, e com uma colher raspe a polpa e coloque numa panela. Junte o molho de tomate, as gemas, as nozes, o azeite de oliva, o sal e a pimenta-do-reino. Leve ao fogo até ferver, acerte o sal e retire do fogo. Cozinhe a massa numa panela com 3 litros de água fervente e 3 colheres de chá de sal. Mexa de vez em quando, cuidadosamente, até ficar *al dente*. Retire do fogo, escorra a água e distribua a massa nos pratos. Cubra com o molho e sirva a seguir. Se preferir, decore com nozes.

Espaguete com rúcula
(4 PESSOAS)

400g de espaguete
1 lata de sardinha
1 maço de rúcula
2 dentes de alho
4 colheres de azeite de oliva
pimenta vermelha

Coloque água para ferver e salgue levemente. Escorra as sardinhas, tire as espinhas e peles e pique-as grosseiramente. Coloque a massa para cozinhar, como de costume. Pique grosseiramente a rúcula e reserve. Em uma frigideira grande, coloque o azeite, os dentes de alho levemente amassados e a pimenta vermelha. Leve ao fogo baixo até que o alho esteja dourado. Tire o alho e a pimenta, retire a frigideira do fogo e acrescente a sardinha. Misture bem e acrescente metade da rúcula e ¼ de xícara da água do cozimento da massa, tempere com sal e pimenta-do-reino e cozinhe por 1 minuto. Despeje esse molho em uma travessa funda. Escorra a massa e coloque sobre o molho, acrescente a rúcula restante e misture bem. Sirva.

Fettuccine com abobrinha frita
(4 PESSOAS)

3 abobrinhas médias
½ xícara de farinha de trigo
2 xícaras e ½ de óleo de soja
2 dentes de alho
folhas de ½ maço de manjericão
6 colheres de sopa de manteiga
½ xícara de queijo parmesão em lascas
400g de fettuccine

Lave as abobrinhas, coloque-as numa tigela, cubra com 1 litro de água gelada e deixe de molho por 20 minutos. Em seguida, escorra a água e lave-as até sair toda a aspereza da casca. Corte-as em bastões de 10cm de comprimento por 0,5cm de largura e espalhe num escorredor. Apóie o escorredor sobre uma tigela, salpique 1 colher de sopa de sal sobre as abobrinhas e deixe descansar por 1 hora. Em seguida, seque-as cuidadosamente com papel-toalha e empane com a farinha de trigo. Aqueça o óleo numa frigideira funda e frite as abobrinhas, aos poucos, até dourarem. Retire-as com uma escumadeira e coloque-as sobre papel-toalha. Escorra o excesso de óleo da frigideira e frite o alho até dourar. Adicione as abobrinhas novamente, o manjericão, a manteiga e o queijo. Refogue, salteando de vez em quando, por 1 minuto. Acerte o sal, retire do fogo e reserve. Cozinhe a massa numa panela com 3 litros de água fervente e 3 colheres de chá de sal. Mexa de vez em quando, cuidadosamente, até ficar *al dente*. Retire do fogo, escorra a água e distribua a massa nos pratos. Cubra com o molho e, se preferir, adicione mais queijo. Decore com folhas de manjericão e sirva a seguir.

Macarrão ao pesto com abobrinha
(6 PESSOAS)

500g de macarrão
3 abobrinhas

Para o molho pesto:
1 xícara de manjericão
1 xícara de salsa
1 xícara de azeite
1 colher de orégano
1 xícara de nozes (ou pinhões torrados)
4 dentes de alho
1 xícara de queijo parmesão ralado

O preparo do molho pesto, com sotaque brasileiro, é bem simples: basta bater todos os ingredientes no liquidificador. Na receita italiana original, se utiliza *pinoli*, que são semelhantes a pinhões. Substituímos por nozes, mas você também pode usar pinhões torrados. Lave as abobrinhas, elimine as extremidades, enxugue-as e corte-as em fatias do mesmo tamanho. Leve ao fogo uma panela com um pouco de óleo, junte as abobrinhas com 2 colheres de água, e cozinhe por 10 minutos. Quando estiverem macias, incorpore o pesto e cozinhe por mais 10 minutos. Enquanto isso, cozinhe o macarrão em bastante água fervente com sal. Escorra-o quando estiver *al dente* e transfira para a panela com o refogado de abobrinha com pesto. Misture bem, em fogo alto, por alguns instantes, até que a massa esteja bem temperada. Adicione o queijo ralado. Sirva a seguir.

Macarrão zás trás

(8 PESSOAS)

500g de macarrão tipo parafuso
2 copos de molho de tomate pronto
2 caixinhas de creme de leite
1 cebola
500g de lingüiça defumada

Macarrão zás trás é uma ótima dica para uma comidinha diferente no fim de semana. O segredo é o molho, que, na verdade é muito simples, mas muito saboroso.

Para o molho, refogue a lingüiça numa panela, juntando a cebola picada. A seguir, acrescente o molho de tomate. Deixe ferver por no mínimo 15 minutos. Enquanto isso, cozinhe o macarrão em água fervente com uma colher de azeite e um pouco de sal. Deixe-o cozinhar observando o tempo sugerido na embalagem. Quando estiver pronto, escorra, retirando a água, e, ainda no coador, um truque: misture manteiga e queijo ralado. Depois cubra com o molho de tomate, creme de leite e lingüiça. Por cima de tudo, mais um pouco de queijo ralado. O macarrão zás trás é uma delícia fácil de fazer. Bom apetite!

Macarrão com presunto e ervilhas
(4 PESSOAS)

500g de macarrão
300g de ervilhas frescas
1 cebola média
100g de presunto cozido
100g de queijo lanche
100g de queijo parmesão ralado
1 copo de caldo de carne

Leve ao fogo uma panela com pouco óleo e refogue o presunto cozido picado e as ervilhas, acrescentando a seguir o caldo de carne. Cozinhe o macarrão em água abundante com um fio de azeite e pouco sal, escorra-o e, em seguida, leve para a panela onde estão as ervilhas e o presunto picado, misturando ainda no fogo com o queijo lanche picado e o queijo ralado. Disponha a massa em uma tigela, junte o queijo *gruyère* cortado em pequenos cubos e o parmesão. Misture novamente e sirva.

Massa com palmito
(4 PESSOAS)

500g de massa
1 vidro de palmito
1 dente de alho
1 cebola
½ copo de molho de soja
1 copo de requeijão
1 lata de creme de leite
3 colheres de azeite de oliva

Leve ao fogo uma panela com o azeite de oliva. Junte o alho e a cebola picados, acrescentando o molho de soja. Mexa bem e, em seguida, agregue o palmito, deixando cozinhar uns minutos. Acrescente o requeijão e, em seguida, o creme de leite. Misture tudo e desligue o fogo. Enquanto isso, em outra panela, cozinhe a massa com água, uma pitada de sal e um fio de azeite. Escorra a massa e derrame o molho por cima. Um pouco de queijo ralado vai bem.

Massa verde com lingüiça
(8 PESSOAS)

500g de talharim verde ou outra massa longa
400g de lingüiça desmanchada
400g de cenouras
3 colheres de maionese
3 colheres de requeijão
3 colheres de creme de leite
3 colheres de massa de tomate
alcaparras
queijo ralado

Cozinhe a massa *al dente*, escorra. Reserve. Enquanto isso, cozinhe as cenouras em pedaços em água. Depois, bata as cenouras no liquidificador com um pouco do caldo do cozimento até que vire um purê. A seguir, leve ao fogo uma panela, refogue a lingüiça com a cebola picadinha, acrescentando o purê de cenoura e a massa de tomate. Deixe apurar um pouco. Apague o fogo e junte a maionese, o requeijão, o creme de leite e a alcaparra, misturando bem, até que fique um creme homogêneo. Misture esse creme com o talharim no refratário, e leve ao forno por aproximadamente 30 minutos.

Penne vermelho
(6 PESSOAS)

500g de macarrão tipo *penne*
1 vidro de cogumelos em conserva
3 tomates picados
1 cebola picada
3 colheres de massa de tomate
1 copo de vinho tinto
100g de *bacon* picado em pedaços pequenos
50g de queijo parmesão ralado

Leve ao fogo uma panela com pouco óleo e refogue o *bacon*, a cebola e os tomates picados, misturando em seguida a massa de tomate e o vinho. Deixe cozinhar durante alguns minutos. Enquanto isso, cozinhe a massa numa panela com água fervente abundante, pouco sal e um fio de azeite. Escorra a massa e, ainda no escorredor, misture a ela o queijo ralado e a manteiga. Sirva os pratos e regue-os com o molho.

Alcatra com laranja
(4 PESSOAS)

500g de alcatra
1 cebola
1 pimentão vermelho
1 pimentão amarelo grande picado
3 colheres de molho de soja
2 laranjas
1 colher de salsinha

A alcatra é uma carne saborosa e macia. Não é preciso fazer bifes de filé mignon, o que deixa a receita mais barata. E o toque de laranja vai fazer a diferença na hora do sacrifício. Uma boa pedida é servir com um feijãozinho feito na hora.

Corte a carne em bifes bem finos e coloque-os em uma tigela. Cubra-os com o molho de soja. Descasque as laranjas, retire a parte branca e corte-as em rodelas não muito finas. Parta as rodelas ao meio e retire as sementes. Coloque 3 colheres de azeite de oliva em uma frigideira funda e deixe aquecer um pouco. Junte os pimentões cortados em pedaços e a cebola picada. Frite os bifes junto com os legumes até dourarem dos dois lados. Vá colocando sal em cada um. Quando os bifes estiverem bem dourados, acrescente as fatias de laranja e a salsinha. Retire do fogo e sirva com um arroz branco.

Bife acebolado de presunto
(1 PESSOA)

2 fatias grossas de presunto cru
1 cebola
1 dente de alho
1 pitada de pimenta
1 xícara de azeite de oliva

Uma receita típica do norte de Portugal, onde os suínos tem grande importância na alimentação. As fatias de presunto são cortadas como bifes. Lá eles usam o presunto cru, mas testamos a receita usando o presunto cozido ou o apresuntado, que são mais comuns e mais baratos entre nós, e os resultados foram bons.

Corte a cebola em rodelas e coloque em uma panela com o azeite de oliva. Acrescente o alho bem picadinho e a pimenta. Leve ao fogo baixo e deixe a cebola cozinhar. Depois, coloque as fatias de presunto e uma xícara de água. Tampe a panela. Quando o presunto mudar de cor, está pronto! Sirva com batatas cozidas e couve refogada!

Carne à Califórnia
(4 PESSOAS)

500g de carne bovina
300g de queijo
300g de presunto
100g de *bacon* fatiado
3 tomates
2 cebolas
1 dente de alho
1 abacaxi maduro
1 lata de figos em calda
1 lata de pêssegos em calda
2 xícaras de morango
3 colheres de azeite de oliva

Escolha um corte macio. Abra a carne e tempere com sal. Esfregue o dente de alho por todos os lados dela. Numa frigideira, coloque o azeite de oliva. Em seguida, junte os tomates e as cebolas picados. Retire do fogo. No meio da carne, coloque as fatias de *bacon*, o refogado, o queijo e o presunto. Enrole e amarre com um barbante. Coloque numa assadeira. Leve ao fogo por 30 minutos. Retire, vire do outro lado e enfeite com abacaxi, figo e pêssego. Coloque um pouco da calda por cima. Deixe mais 10 minutos, regando sempre com a calda. Na hora de servir, enfeite com morangos.

Carne com ervas e tomate
(6 PESSOAS)

1kg de carne bovina
2 tomates
3 colheres de massa de tomate
1 cebola
1 dente de alho
1 copo de caldo de carne
1 copo de vinho tinto
1 limão
1 colher de salsa
1 colher de manjericão
1 colher de orégano
2 colheres de farinha de trigo
3 colheres de azeite de oliva

Esta é uma daquelas receitas fáceis e elegantes. O molho fica bem consistente e vermelho. As ervas, fáceis de encontrar – manjericão, salsa e orégano –, dão um toque diferente ao molho. Use um bom pedaço de carne bovina: alcatra ou patinho. Mas fica muito bom também com paleta, agulha ou acém, as chamadas carnes de segunda que, sempre digo, têm sabor de primeira: são mais firmes, mas têm mais sabor. Nesse caso – se usar carnes mais firmes –, aumente o tempo de cozimento, até a carne ficar macia.

Tempere a carne com suco de limão, sal e pimenta, passe na farinha de trigo e leve para dourar numa panela com o azeite de oliva. Acrescente a cebola, o tomate e o alho picados. Depois, agregue a massa de tomate, o caldo de carne e o vinho tinto. Misture bem. Deixe abrir fervura e tampe a panela. É preciso cozinhar por meia hora, mais ou menos. No final, entram na panela o manjericão, a salsa e o orégano. Misture bem, e deixe cozinhar mais um pouco, para dar gosto. Sirva com arroz branco.

Costela com mix de batatas
(6 PESSOAS)

2kg de costela
3 batatas brancas
3 batatas do tipo rosa
3 batatas-doces

Certos cortes de carne bovina, como paleta, agulha, peito e a costela do dianteiro, são chamados de carne de segunda. Não entendo por que de segunda: são cortes saborosos, permitem pratos variados e ainda custam muito menos do que a chamada carne de primeira. Com os cortes de primeira – filé mignon, alcatra etc. – se pode fazer pouco além de bifes. Na verdade, existe vida saborosa muito além do filé mignon. Por exemplo: esta costela feita no forno com mix de batatas.

Lave as batatas com casca, deixando-as bem molhadas. Tempere a costela e as batatas com sal fino, regue com azeite de oliva e leve ao forno numa fôrma coberta com papel-alumínio por mais ou menos 1 hora. Retire o papel-alumínio e deixe mais uns 20 minutos para dourar. O tempo que leva para assar a costela é o mesmo para assar as batatas. Depois, experimente. O sabor é de primeira.

Carne com molho de bergamota
(6 pessoas)

2kg de paleta bovina
2 copos de suco de bergamota (1 dúzia)
1 pacote de creme de cebola
1 copo de caldo de carne
1 colher de açúcar
4 colheres de azeite de oliva
sal

Passe açúcar em toda a carne. Depois tempere-a com sal dos dois lados. Coloque o azeite de oliva numa frigideira e, em seguida, leve a carne para dourar. Doure bem. Enquanto isso, no liquidificador, misture o suco de bergamota, o pacote de creme de cebola e o caldo de carne. Bata bem. Coloque a mistura na panela e deixe abrir a fervura. Tampe a panela e vá cuidando para não secar o molho. Acrescente um copo ou dois de água. É preciso 40 minutos de panela. Sirva com arroz branco.

Charque acebolado
(4 PESSOAS)

500g de charque
2 cebolas graúdas fatiadas
100g de *bacon*
1 colher de vinagre
2 colheres de azeite
sal e pimenta-do-reino
salsinha

Lave a carne e deixe de molho em água fria por 12 horas. Escorra, corte-a em cubos grandes e cozinhe em uma panela de pressão para que fique macia, por cerca de 40 minutos. Deixe esfriar, escorra novamente e desfie-a grosseiramente. Corte o *bacon* em cubos e coloque-o em uma frigideira juntamente com o azeite. Doure e depois retire os pedaços da frigideira, reservando-os para outra finalidade. Na gordura que ficou na frigideira, frite bem as cebolas. Adicione a carne desfiada e frite por mais alguns minutos. Tempere-a com pimenta-do-reino e regue com o vinagre. Misture e sirva salpicando com salsinha picada.

Churrasco no forno
(6 PESSOAS)

1 pimentão vermelho
1 pimentão verde
1 pimentão amarelo
200g de coração de galinha
sal grosso
1 cebola roxa
2kg de costela
4 batatas
2 tomates
200g de lingüiça
1 cebola branca
4 dentes de alho
1 abobrinha redonda

Tudo pronto para o churrasco. Tudo comprado. Costela, salsichão, coração, cebola, pimentão, até a batata para a salada. Mas aí é que a coisa engrossou. O tempo fechou. Começou uma ventania daquelas. Acabou o churrasco. Acabou? Foi então que fui tomar um cafezinho na cozinha e... caiu a ficha. O forno. Saí correndo e gritando para o pessoal não ir embora. O almoço estava salvo...

Tempere a costela com sal grosso. Acomode-a numa fôrma ampla. Coloque todos os ingredientes junto com ela. Deixe assar no forno por 1 hora. Quando der 30 minutos, vire a costela. Mais 30 minutos e está pronta. Não esqueça que, como diz a jornalista Tânia Carvalho, forno é como marido: cada uma sabe o que tem.

Costela no forno
(6 PESSOAS)

2kg e ½ de costela bovina
1 garrafa de vinho tinto
2 cebolas
2 tomates
2 cenouras
3 colheres de massa de tomate
1 xícara de caldo de carne
2 colheres de farinha de trigo
3 colheres de azeite de oliva
sal fino

Esta receita é daquelas que misturam a tradição do Rio Grande, a costela, com um toque de modernidade, o vinho tinto. A combinação dos sabores é perfeita e o resultado, você vai ver, é surpreendente. Um molho escuro, cheio de aromas, e uma carne macia. O segredo está na escolha da costela. Peça ao seu açougueiro preferido uma peça de cinema. Dessas que aparecem na TV. E vamos lá.

Tempere a costela com sal fino. Coloque o azeite de oliva numa fôrma grande e acomode-a nela. No liquidificador, bata as cebolas, os tomates e as cenouras, cortadas grosseiramente, junto com a massa de tomate, a farinha de trigo e o caldo de carne. Coloque a mistura em cima da costela junto com metade da garrafa de vinho. Leve ao forno por, em média, 3 horas. Durante o cozimento, não deixe a costela secar. Vá adicionando aos poucos o restante da garrafa de vinho. Quando o molho estiver bem consistente e a carne, macia, está pronto. Nesta receita, quem trabalha é o forno. Enquanto isso, você pode preparar um bom arroz branco para acompanhar.

Costelinha com batata-doce

(4 PESSOAS)

500g de batatas-doces
2 colheres de manteiga
½ xícara de leite
3 colheres de alecrim fresco
1kg de costelinhas suínas
1 xícara de azeite de oliva
4 dentes de alho descascados
sal

Tempere as costelinhas com sal. Aqueça o azeite de oliva em uma panela de pressão, junte os dentes de alho e as costelinhas e frite até dourá-las uniformemente. Reduza o fogo e tampe a panela de pressão. Deixe cozinhar por 15 minutos, ou até que fiquem macias. Retire do fogo e, assim que retirar a pressão, destampe a panela e reserve. Lave as batatas, coloque-as em uma panela e cubra com água. Leve ao fogo por 35 minutos, ou até que fiquem macias. Retire, escorra a água e descasque as batatas. Passe-as, ainda quentes, pelo espremedor. Coloque em uma panela e junte a manteiga, o leite e o sal. Leve ao fogo, sem parar de mexer, até obter uma mistura homogênea. Por último, misture o alecrim e retire do fogo. Disponha as costelinhas nos pratos e distribua o purê. Se preferir, decore com ramos de alecrim. Sirva a seguir.

O purê de batata-doce é um complemento delicioso para a carne suína. Se preferir um prato mais condimentado, coloque as costelinhas em uma tigela com suco de limão, sal e pimenta-do-reino e deixe marinar por 30 minutos. Em seguida, prepare a receita normalmente.

Costelinhas com goiaba
(6 PESSOAS)

1 xícara de goiabada
½ xícara de água

¼ de xícara de vinagre branco
1 colher de limão
1 colher de molho inglês
2kg de costelinhas de porco
2 colheres de óleo
1 dente de alho
gengibre
sal e pimenta-do-reino
tabasco

Misture o alho picado com o gengibre e o óleo, coloque sal e pimenta-do-reino nas costelinhas. Deixe marinando por cerca de 4 horas, na geladeira. Depois, escorra as costelinhas e reserve o líquido. Ferva bastante água em um caldeirão. Assim que estiver fervendo, coloque as costelinhas e ferva por mais 5 minutos. Escorra e coloque-as em uma assadeira. Leve ao forno preaquecido em temperatura média por cerca de 30 minutos. Enquanto isso, prepare o molho colocando a goiabada em uma panela, em fogo baixo, até amolecer; acrescente o vinagre e cozinhe por 5 minutos. Coloque a água, o molho inglês e o tabasco. Cozinhe por 10 minutos, retire do fogo, acerte o sal e acrescente o suco de limão. Pincele as costelinhas com o molho e leve novamente ao forno por mais 30 minutos em forno médio. Aumente a temperatura do forno para o máximo. Pincele as costelinhas com mais molho e deixe dourar. Sirva com molho à parte também.

Costelinhas de cordeiro com figo
(2 PESSOAS)

8 costelinhas de cordeiro médias
1 maço pequeno de salsinha
10 folhas de hortelã
2 dentes de alho
3 colheres de azeite de oliva
1 berinjela pequena
8 figos maduros e firmes
sal e pimenta

Figo é uma fruta deliciosa e fica ainda mais saborosa quando servida com carnes...

Pique a salsinha, juntamente com a hortelã e o alho. Coloque as costelinhas em um refratário, distribua por cima os temperos picados e regue com o azeite. Adicione pimenta, cubra com um filme plástico e deixe marinar na geladeira por 3 horas, virando a carne de vez em quando. Lave a berinjela, corte-a sobre um escorredor de macarrão. Polvilhe com sal e deixe escorrer por pelo menos 1 hora. Lave e enxugue com cuidado os figos e corte-os em 4 partes. Retire as costelinhas da marinada, tempere com sal e asse em forno médio, preaquecido, por 20 minutos. Em seguida, junte o figo, regando bem com o caldo de cozimento da carne. Deixe cozinhar por mais 10 minutos. Enxagüe bem a berinjela, enxugue-a e frite-a em bastante óleo quente. Retire-a com uma escumadeira e coloque sobre papel-toalha para retirar o excesso de óleo. Tempere com sal e sirva quente com as costelinhas.

Costelinhas suínas ao molho de mel e mostarda
(4 PESSOAS)

1kg de costelinhas suínas
3 colheres de óleo
2 xícaras de caldo de carne
2 colheres de mel
1 colher de mostarda
1 colher de maisena

Limpe e lave as costelinhas. Coloque-as numa tigela e tempere com sal. Aqueça o óleo numa panela de pressão, junte a costelinha e frite, mexendo de vez em quando, por 3 minutos, ou até dourar um pouco. Adicione o caldo de carne, tampe a panela e deixe cozinhar por 15 minutos, ou até as costelinhas ficarem macias. Retire do fogo, elimine a pressão e abra a panela. Disponha as costelinhas numa travessa e reserve. Junte ao líquido restante da panela o mel, a mostarda, a maisena dissolvida num pouco de água e acerte o sal. Volte ao fogo e deixe cozinhar, sem parar de mexer, por 5 minutos, ou até obter um molho encorpado. Retire do fogo, regue as costelinhas e sirva.

Couve-flor com carne moída
(2 PESSOAS)

50g de cebola ralada
sal a gosto
½ cabeça média de couve-flor
alho a gosto
2 tomates maduros picados
1 colher de vinagre
cheiro-verde a gosto
250g de pão francês molhado
100g de carne magra moída

Limpe os talos da couve-flor e deixe-os de molho no vinagre e sal por alguns minutos. Coloque os buquês em uma panela, cubra com água e leve ao fogo até ficarem macios mas firmes. Coloque em uma panela antiaderente a cebola, o alho e a carne moída, misture bem e refogue por alguns minutos. Adicione o cheiro-verde, o pão e os tomates. Cozinhe por mais alguns minutos. Em um refratário, coloque os buquês intercalados com a carne refogada. Reserve. Prepare um molho branco (ver p. 136, *Peixe com banana)*, espalhe por cima e leve ao forno para gratinar por 15 minutos.

Escalopes ao limão
(4 PESSOAS)

8 escalopes de filé *mignon*
2 colheres de manteiga
½ xícara de farinha de trigo
1 colher de alcaparras (opcional)
¼ de xícara de vinho branco seco
½ xícara de caldo de carne
3 colheres de suco de limão

Bata levemente os escalopes, com um batedor de carnes, para ficarem bem finos. Tempere com sal e pimenta-do-reino. Coloque a manteiga em uma frigideira grande e leve ao fogo. Enquanto a manteiga aquece, passe os escalopes pela farinha de trigo, retire o excesso e doure-os na manteiga dos dois lados. Se a frigideira for pequena, doure dois escalopes por vez. Depois de dourá-los, coloque-os novamente na frigideira e regue com o vinho branco. Deixe evaporar e acrescente o suco de limão. Reduza à metade e regue com o caldo de carne. Acerte o ponto de sal e pimenta-do-reino e, se gostar, acrescente as alcaparras. O molho irá engrossar devido à farinha utilizada nos escalopes. Sirva com purê de batatas.

Espetinho de gato
(4 PESSOAS)

100g de carne bovina
100g de carne suína
100g de galinha
100g de coração de galinha
1 lingüiça
50g de *bacon*
½ abacaxi
½ cenoura
½ pimentão verde
½ pimentão vermelho
½ pimentão amarelo
½ xícara de tomates-cereja
50g de queijo parmesão ralado
100g de queijo provolone
100g de cebolas pequenas

Corte todos os ingredientes em pedaços. Use espetinhos de madeira ou alumínio. Faça um só de carne bovina, outro misturando todas as carnes, outro com carne de porco e *bacon*. Use a imaginação. Os espetinhos podem ser assados no forno em uma fôrma ou então fritos numa frigideira com um pouco de azeite de oliva. Não esqueça de colocar o sal antes de levar os espetinhos para o fogo.

Estrogonofe de fígado
(4 PESSOAS)

500g de fígado de boi
250g de nata
200g de cogumelos
200g de azeitonas
2 cebolas
2 tomates
3 dentes de alho
2 colheres de molho de soja
2 colheres de massa de tomate
1 colher de mostarda
1 colher de *catchup*
2 copos de caldo de carne
50g de maisena
3 colheres de azeite de oliva

Corte o fígado em iscas e passe na maisena. Coloque o azeite de oliva numa panela e leve a carne para refogar. Junte o alho esmagado e o molho de soja. Coloque a cebola e o tomate picados. Em seguida, a massa de tomate, a mostarda, o *catchup* e o caldo de carne. Misture bem. Por último, entram as azeitonas e os cogumelos. Desligue o fogo e coloque a nata. Sirva em seguida com batata-palha.

Festival do bife
(6 PESSOAS)

6 bifes
2 ovos
1 xícara de farinha de rosca
50g de queijo parmesão ralado fino
300g de queijo parmesão ralado grosso
500g de molho de tomate
200g de queijo fatiado
200g de presunto fatiado

Primeiro tempere os bifes com sal. Bata os ovos e coloque-os numa travessa. Em outra, coloque metade da farinha de rosca. A outra metade vai em uma terceira travessa misturada ao queijo ralado. Para fazer o bife à milanesa, pegue o bife já temperado e passe primeiro pela farinha de rosca pura, depois pelo ovo e, por fim, pela farinha de rosca misturada ao queijo. Passe bem dos dois lados. Frite-o em óleo bem quente até ficar dourado. É bem rápido. Para fazer o bife recheado, pegue um bife grande, já temperado, e coloque no meio uma fatia de queijo e uma de presunto. Feche o bife, empane-o e frite-o da mesma forma do à milanesa. Para fazer o bife à parmigiana, faça um bife recheado, frite-o e leve-o a outra frigideira. Coloque o molho de tomate e, por cima, o queijo ralado grosso. Tampe a panela e deixe o queijo derreter. Está pronto!

Filé de porco com molho de laranja
(4 PESSOAS)

500g de filé de porco
1 copo de vinho branco
1 copo de suco de laranja
1 copo de caldo de carne
1 cebola
1 colher de farinha de trigo
2 colheres de *bacon* picadinho

Os filezinhos suínos não são devidamente valorizados. São saborosos e não são tão caros quanto os filés de carne bovina.

Passe os filés na farinha de trigo e frite-os em azeite de oliva. Acrescente o *bacon* picadinho, o caldo de carne, o vinho, a cebola cortada em pedaços pequenos e o suco de laranja. Misture bem. Deixe abrir a fervura e tampe a panela. O molho vai ficar com uma cor forte e bem consistente. É preciso, em média, 40 minutos para que se tenha este resultado. A dica é servir com arroz branco e farofa.

Lagarto roxo
(6 PESSOAS)

1kg de lagarto bovino
3 colheres de óleo
1 colher de farinha de trigo
2 colheres de massa de tomate
1 xícara de vinho tinto
1 xícara de água fervente
2 cebolas grandes cortadas em rodelas
150g de *bacon*
100g de ameixas pretas sem caroço

Tempere o lagarto com sal e pimenta-do-reino. Frite-o em óleo quente, até dourar. Retire a carne e junte ao óleo a farinha de trigo, misturando bem. Coloque novamente a carne na panela, adicione a massa de tomate, o *bacon* picado e as cebolas. Refogue por mais cinco minutos e adicione o vinho e a água. Cozinhe por 2 horas em fogo baixo. Se necessário, adicione mais um pouco de água, aos poucos. Uns 15 minutos antes de tirar a carne do fogo, coloque as ameixas. Acerte o ponto de sal do molho. Sirva acompanhado do molho que se formou na panela.

Lombinho vermelho
(4 pessoas)

1kg de lombinho suíno
1 pimentão vermelho
2 cabeças de alho
azeite, sal, pimenta e orégano

Corte ao meio e limpe o pimentão. Coloque-o em uma fôrma junto com as 2 cabeças de alho com casca. Acrescente um pouco de orégano por cima do pimentão. Leve ao forno por 20 minutos. Retire as cascas dos alhos e bata-os no liquidificador ou em um *mixer* junto com o pimentão até obter uma massa bem vermelha e homogênea. Depois, coloque azeite de oliva numa frigideira e doure dos dois lados o lombinho já temperado com sal e pimenta. Retire o lombinho da frigideira e coloque-o numa fôrma. Cubra-o com a pasta vermelha de pimentão e alho e leve ao forno por mais 10 minutos. Para acompanhar, a sugestão é fazer uma "Batata exibida" (ver receita, p. 66).

Lombo de porco com canela
(4 pessoas)

1kg de lombo de porco
2 tomates
½ pimentão verde

1 colher de canela em pó
1 dente de alho
1 colher de extrato de tomate
2 laranjas

Coloque o lombo em uma panela coberto com água e deixe cozinhar por 1 hora. Não jogue fora a água. Reserve-a. Retire a carne e leve-a para dourar com azeite de oliva numa panela ampla, de todos os lados. Acrescente o alho, a cebola, o pimentão e os tomates picados. Acrescente 1 copo da água que reservamos e a colher de extrato de tomate. Deixe ferver por 10 minutos. Esprema as laranjas, adicione ao molho junto com a canela e deixe ferver por mais 15 minutos. Uma boa opção é servir com arroz branco e purê de batatas.

Lombo doce
(2 pessoas)

500g de lombo de porco
2 pimentões verdes
2 fatias de abacaxi
1 cebola graúda
2 ovos
1 xícara de farinha de trigo
¾ de xícara de açúcar
3 colheres de molho de soja

1/3 de xícara de vinagre
2/3 de xícara de água
1 colher e ½ de maisena
2 colheres de massa de tomate

Corte o lombo em fatias grossas e depois em cubos. Tempere-os com pimenta-do-reino e sal. Corte os pimentões, a cebola e as fatias de abacaxi também em cubos grandes. Coloque cerca de meio litro de óleo em uma panela pequena. Bata ligeiramente os ovos, passe os cubos de lombo pelos ovos e depois pela farinha de trigo. Retire o excesso e coloque na panela com óleo quente para dourar. Escorra em papel absorvente. Em outra panela, coloque o açúcar, o vinagre e o molho de soja. Leve ao fogo baixo até que o açúcar se dissolva. Acrescente a massa de tomate. Misture a maisena na água fria e acrescente à mistura de açúcar e vinagre. Ferva por 1 minuto. Em uma panela grande, coloque 4 colheres de azeite de oliva. Aqueça e acrescente os cubos da cebola e do pimentão, refogue rapidamente em fogo alto, cerca de 3 a 4 minutos. Coloque os cubos de abacaxi e os pedaços de lombo fritos. Misture bem e regue com o molho feito à base de açúcar e vinagre. Cozinhe em fogo baixo por 3 minutos. Se o molho estiver muito espesso, acrescente um pouco de água. Sirva com arroz branco.

Matambre na pressão
(6 PESSOAS)

1kg de matambre
2 cebolas
2 tomates
1 pimentão
sal e pimenta-do-reino a gosto
cheiro verde
oregáno
2 dentes de alho
2 xícaras de vinho
1 colher de maisena

Limpe o matambre e tempere-o com sal, alho, pimenta-do-reino, orégano, tomate, cebola, pimentão, cheiro verde e vinho. Deixe nesse tempero por uma hora. Ponha óleo para esquentar e, quando estiver bem quente, coloque uma colherinha de açúcar e, em seguida, o matambre, sem o tempero, deixando-o dourar de um lado e do outro. Depois adicione os temperos e água suficiente para desenvolver o molho. Deixe cozinhar durante uma hora na panela de pressão. Quando estiver pronto, passe o molho da carne no liquidificador, e volte para a panela, engrossando com uma colher de maisena. Vai ficar uma carne com molho saboroso e perfumado. Sirva com arroz branco e salada verde.

Pernil com molho de morangos
(6 PESSOAS)

6 medalhões de pernil de porco
1 cebola picada
1 copo de vinho branco
1 copo de caldo de legumes
1 bandejinha de morangos

Aqueça uma frigideira grande e frite os medalhões de pernil de porco. Retire-os da frigideira, coloque-os em uma travessa e reserve, mantendo-os aquecidos. Na mesma frigideira, derreta a manteiga e frite a cebola, até dourar. Junte o vinho branco e o caldo de legumes e deixe apurar por 5 minutos, em fogo baixo. Acrescente os morangos limpos e lavados (reservando alguns para decorar), tampe a panela e cozinhe por 3 minutos. Coloque o molho por cima dos medalhões e sirva.

Pernil português
(4 PESSOAS)

500g de pernil de porco sem osso
folhas de louro
3 dentes de alho
1 copo de vinho (ou vinagre) branco

2 batatas
1 lata de creme de leite

A receita original, de Bragança, Portugal, preparada por dona Maria Cecília, leva castanhas portuguesas, aqui substituídas (a conselho da própria Maria Cecília) por batatas em cubos.

Corte o pernil em pedaços pequenos. Tempere-o com sal, louro, alho picado e vinho branco. Deixe, pelo menos, meia hora no tempero. Leve ao fogo uma panela com óleo e refogue o pernil com o alho do tempero, acrescentando as batatas, cruas, cortadas em cubos. Vá fritando lentamente, regando com o vinho do tempero, para não deixar muito seco, até que o pernil fique cozido e as batatas, macias. No final, acrescente o restante do vinho e o creme de leite, misture bem e sirva.

Picadão com vinho
(4 PESSOAS)

500g de carne
100g de *bacon* picado
1 cebola picada
1 cenoura em rodelas
4 colheres de massa de tomate
½ copo de conhaque

½ copo de suco de laranja
2 copos de vinho tinto

Esta receita é inspirada no famoso Boeuf à la Bourguignonne *saboroso prato do centro-oeste da França. A encantadora Borgonha. Nesta versão preserva-se a magia da receita que é o uso generoso do vinho. Lá, eles usam o vinho tinto seco encorpado, característico da região. Quando as receitas viajam, precisam ser adaptadas e, por isso, aqui vamos trocar o vinho da Borgonha pelo nosso vinho gaúcho, tinto e seco. O nome pode ser chique, mas os ingredientes são simples e o modo de preparo também. Com vocês, o Picadão com vinho, o* Boeuf à la Bourguignonne *com sotaque gaúcho.*

O primeiro passo é cortar a carne em cubos grandes e enfarinhá-los bem com um pouco de farinha de trigo. Eu costumo usar um bom pedaço de paleta, ou agulha, que são carnes ditas de segunda, mas que, sempre digo, têm sabor de primeira. Numa panela ampla, bem quente, com três colheres de azeite, leve a carne para dourar junto com o *bacon* picado. Derrame o conhaque (os franceses têm o hábito de flambá-lo na panela, mas não é indispensável). Depois, acrescente a cebola e a cenoura. Em seguida, a massa de tomate, o suco de laranja e o vinho tinto. Quando abrir a fervura, baixe o fogo e deixe cozinhar por 40 minutos, ou até que a carne amacie.

Picanha na panela
(6 PESSOAS)

1 picanha de 1kg e ½, aproximadamente
3 batatas
2 tomates
2 cebolas
½ xícara de molho de soja
2 colheres de farinha de trigo
3 colheres de massa de tomate
1 xícara de caldo de carne

Tempere a picanha com sal e frite-a em uma panela ampla com um pouco de azeite. Quando estiver dourada dos dois lados, coloque um pouco do molho de soja, depois as cebolas e os tomates picados. Em seguida, acrescente o caldo de carne, a massa de tomate e as batatas cruas e cortadas em cubos. Para engrossar o molho, misture a farinha na água que sobrou das batatas e o restante do molho de soja. Deixe cozinhar até que as batatas fiquem prontas e a carne também.

Cozido de galo velho
(8 pessoas)

1kg de galinha
300g de corações de galinha
4 tomates
2 cebolas
3 colheres de massa de tomate
2 espigas de milho
½ abóbora
4 cenouras
500g de batatas brancas
4 batatas-doces
1kg de aipim
1 molho de couve
3 colheres de azeite

Numa panela ampla, coloque o azeite e, em seguida, frite os pedaços de galinha. Acrescente os corações de galinha e a massa de tomate. Misture tudo e coloque os tomates e a cebola cortados em pedaços grandes. Deixe fritar bem, e adicione um pouco de água para não pegar no fundo da panela, se for preciso. Depois, vá colocando os outros ingredientes. As cenouras, a abóbora e o milho cortados em pedaços, o aipim, as batatas brancas e as batatas-doces. Adicione água até cobrir todos os ingredientes. Tampe a panela e deixe cozinhar por 2 horas, em média. Coloque a couve cortada em tiras e tampe a panela. Quando a couve estiver mole, está pronto. Retire o caldo. Sirva a galinha e os legumes em um prato e, separadamente, o caldo do galo velho.

Frango ao mel
(6 PESSOAS)

12 sobrecoxas
1 xícara de mel
1 copo de vinho branco
2 dentes de alho

Pique bem o alho e passe-o nas sobrecoxas. Depois tempere-as com sal e coloque-as de molho no vinho. Quanto mais tempo você deixá-las no tempero, melhor, mas uma meia hora já está bem. Coloque as sobrecoxas numa fôrma. Derrame o vinho por cima e depois o mel. Uma dica: durante o cozimento, que deve levar uns 40 minutos ou mais, regue as sobrecoxas com o próprio molho que se forma na fôrma.

Frango com batatas
(8 pessoas)

1kg de frango
10 batatas médias
1 cebola grande
1 tomate
½ copo de água
500ml de nata
1 vidro de aspargos
queijo fatiado

Cozinhe o frango e as batatas na mesma panela, com a cebola picada, o tomate picado e água. Depois que estiverem cozidos, amasse as batatas em um refratário, desfie o frango sobre elas, depois espalhe o aspargo picado, cubra tudo com a nata e, por fim, coloque o queijo. Leve ao forno para gratinar!

Frango com champanhe
(4 pessoas)

250g de cerejas
1 dente de alho
3 colheres de suco de limão
5 colheres de açúcar
½ xícara de espumante
1 colher de pimenta-do-reino

1 peito de frango c/pele e osso com cerca de 700g
3 colheres de óleo

Lave o peito de frango, seque e elimine a pele e os ossos. Faça 4 filés e tempere com o sal e a pimenta-do-reino. Coloque a metade do óleo numa frigideira (25cm de diâmetro) e leve ao fogo até ficar bem quente. Disponha 2 filés e grelhe até dourar dos dois lados. Retire, junte o restante do óleo e deixe aquecer por mais 30 segundos. Adicione os filés restantes e repita a operação. Retire do fogo e mantenha-os aquecidos. Para fazer o molho: lave as cerejas, seque-as com toalha de papel e reserve. Se preferir, parta-as ao meio e elimine os caroços. Leve ao fogo uma panela com o alho descascado e junte o suco de limão. Cozinhe, amassando o alho, por 3 minutos, ou até o suco de limão evaporar. Elimine o alho e adicione o açúcar e o espumante. Mexa até o açúcar dissolver e cozinhe, sem mexer, por mais 2 minutos, ou até ficar levemente encorpado. Acrescente as cerejas e a pimenta e deixe por mais 2 minutos. Retire do fogo e sirva com os filés.

Frango com lingüiça
(6 PESSOAS)

500g de lingüiça (pode ser defumada)
500g de frango (pode ser sobrecoxa)

1 copo de caldo de galinha
1 copo de vinho branco
2 cebolas
2 tomates
2 batatas
1 colher de farinha de trigo
1 pimentão vermelho
3 colheres de azeite de oliva

Corte a lingüiça em rodelas grandes. Corte também o frango em pedaços graúdos. Primeiro faça o caldo de galinha. Coloque os ossos e, se tiver, umas coxas de frango numa panela com 2 copos de água e uma pitada de sal. Deixe ferver bastante. Se preciso, coloque mais água. Desligue o fogo e passe tudo por uma peneira. Agora vamos para outra panela, um pouco maior. Coloque o azeite de oliva. Acrescente a lingüiça e o frango. Corte a batata em cubos grandes e coloque-os também na panela. Misture e deixe cozinhar por uns 10 minutos. Acrescente as cebolas e os tomates picados. Coloque o pimentão em pedaços graúdos e misture. Depois adicione a farinha por cima de tudo e mexa bem. Aí incorpore o caldo de galinha e o vinho. Misture novamente, tampe a panela e deixe cozinhar por mais 15 minutos. Quando o frango e a lingüiça estiverem bem cozidos, está pronto o prato. Se você quiser, coloque 2 pacotes de batata-palha na panela e misture bem antes de servir. Ou então faça um arroz branco para acompanhar.

Frango com molho de cerveja
(4 pessoas)

5 sobrecoxas de frango sem pele
350ml de cerveja preta
1 pacote de sopa de cebola
1 copo de água

Esta é a primeira versão – menos complicada, mas não menos saborosa – da "Galinha gambá". Uma receita tão simples e com um resultado tão diferente que resolvemos recuperar as origens deste molho que mistura cerveja e sopa de cebola.

Primeiro coloque as sobrecoxas numa panela com azeite de oliva. Depois de bem douradas, acrescente a sopa de cebola já dissolvida em água fria. Aos poucos vá colocando a cerveja. Misture bem e deixe cozinhar por 30 minutos ou até que o molho esteja bem grosso e com uma cor forte. Sirva com arroz branco feito na hora e batatas fritas!

Frango laranja
(4 pessoas)

2 peitos de frango inteiros
4 colheres de manteiga

¼ de xícara de vinho branco seco
½ xícara de suco de laranja
2 colheres de suco de limão
1 ramo de alecrim
⅔ de xícara de caldo de frango
farinha de trigo

Divida os peitos de frango e corte-os em 8 partes. Coloque cada pedaço entre 2 sacos plásticos e bata com o martelo de cozinha para obter bifinhos finos. Tempere-os com sal e pimenta-do-reino e passe-os pela farinha de trigo, retirando o excesso. Em uma frigideira grande acrescente metade da manteiga e o ramo de alecrim. Quando estiver borbulhando, adicione metade dos escalopes e, em fogo alto, doure-os dos dois lados. Retire e reserve. Acrescente a manteiga restante e doure a outra metade dos escalopes. Elimine o ramo de alecrim e coloque todos os escalopes na frigideira. Regue com o vinho branco. Misture e deixe evaporar. Acrescente o suco de laranja e o de limão, cozinhe até obter uma calda grossa, acrescente o caldo de frango e cozinhe em fogo médio até obter a consistência desejada no molho. Tempere com sal e pimenta-do-reino. Sirva com purê de batatas.

Frango quatro latas
(4 PESSOAS)

500g de frango
1 lata de ervilha
1 lata de milho
1 lata de creme de leite
1 lata de molho de tomate
sal e azeite de oliva
farinha de trigo

Corte o frango, pode ser o peito do frango, em pedaços e tempere com sal, azeite de oliva e um pouco de farinha de trigo. Misture bem. Refogue o frango numa frigideira com mais azeite. Acrescente primeiro a ervilha, depois o milho e o molho de tomate. Deixe refogar um pouco e coloque o creme de leite, misture bem. Desligue o fogo em seguida. Está pronto! Para o acompanhamento, o Anonymus Gourmet sugere uma "Batata colorida" (ver receita, p. 66).

Franguinho delícia
(4 PESSOAS)

1 bandejinha de sobrecoxas de frango (700g)
1 colher de molho de soja

2 dentes de alho
1 lata de creme de leite
3 colheres de azeite de oliva
queijo parmesão ralado

Retire a pele das sobrecoxas de frango e tempere-as com o molho de soja, os dentes de alho e sal. Aqueça uma panela com o azeite de oliva. Coloque o frango e deixe dourar. Acrescente o creme de leite sem o soro e o queijo ralado.

Galinha do Zé
(4 PESSOAS)

8 sobrecoxas de galinha
1 cebola
1 tomate
3 dentes de alho
1 limão
2 xícaras de arroz
3 colheres de azeite

Primeiro tempere as sobrecoxas com o suco do limão e sal. Deixe a carne alguns minutos no tempero. Depois, coloque o azeite em uma frigideira e, em seguida, as sobrecoxas. Deixe dourar de um lado e vire-as para dourar o outro. Acrescente a cebola e o tomate cortados em pedaços grandes. Depois, coloque os dentes de alho inteiros, mas sem a casca. Por último, o arroz cru. Acrescente 4 xícaras de água e deixe levantar a fervura. Baixe o fogo, tampe a panela e espere cozinhar o arroz. Quando ele estiver macio, está pronto o prato! Para acompanhar, coloque o conteúdo de uma lata de milho em conserva, sem a água, em uma frigideira com azeite. Deixe fritar o milho por alguns minutos e sirva junto com a Galinha do Zé!

Peito de frango picante
(4 PESSOAS)

600g de filés de frango cortados em tiras
2 colheres de óleo
100ml de vinho branco seco
4 dentes de alho
2 colheres de alcaparras
3 filés de anchovas
2 colheres de pepino em conserva
1 pitada de pimenta-do-reino
200g de iogurte natural de consistência firme

Em uma frigideira, refogue o frango no óleo. Regue com o vinho. Pique grosseiramente o alho, as alcaparras, os filés de anchova e os pepinos. Junte-os ao frango, adicione o sal e a pimenta. Deixe cozinhar por 10 minutos. Adicione o iogurte, misture bem e sirva.

Peru com molho de uvas
(6 PESSOAS)

1kg de carne de peru cortada em cubos
1 copo de caldo de galinha
1 copo de suco de uva
300g de uvas sem semente
raspas de 1 laranja
1 cebola
2 dentes de alho
farinha de trigo

Pode ser uma sugestão para a ceia de Natal, mas não esqueça que a carne de peru é ótima e pode ser consumida em qualquer época do ano.

Leve ao fogo uma panela ampla com pouco óleo e refogue a carne previamente passada na farinha de trigo. Acrescente a cebola e o alho picados, mexendo bem. Em seguida, as raspas de laranja, o suco de uva e as uvas. Confira o sal. Deixe em fogo baixo até o peru cozinhar bem e o molho engrossar levemente. Fica delicioso.

Sobrecoxa com frutas
(2 PESSOAS)

4 sobrecoxas de frango sem osso e com pele
1 manga média picada

½ abacaxi pequeno picado
sal

Coloque uma chapa de ferro, própria para grelhar, no fogo e deixe aquecer. Pincele toda a superfície da chapa com óleo. Disponha o frango nela, com a pele voltada para baixo, e deixe até ficar bem crocante. Vire de lado e frite até ficar dourado. Polvilhe sal e retire do fogo. Distribua as sobrecoxas nos pratos e salpique a pimenta. Na mesma grelha, refogue as frutas. Em poucos minutos, estarão no ponto. Retire do fogo e sirva com as sobrecoxas.

Abobrinha fina
(4 PESSOAS)

4 abobrinhas médias
2 tomates
2 dentes de alho
½ xícara de salsinha picada
½ xícara de vinho branco
50g de queijo ralado

Lave bem e depois corte as abobrinhas ao meio no sentido do comprimento, retirando, com cuidado, as sementes, e depois a polpa. Numa panela, coloque

3 colheres de azeite de oliva, junte a polpa das abobrinhas e refogue até começar a amolecer. Acrescente o tomate picado, o alho amassado e a salsinha. Refogue por mais 1 minuto. Coloque o vinho e deixe em fogo alto por 10 minutos, ou até ficar quase seco. Acerte o sal e desligue o fogo. Recheie as abobrinhas com o refogado e cubra tudo com queijo ralado. Tampe as abobrinhas e leve-as para assar em forno médio por 30 minutos. Sirva a seguir.

Abobrinha recheada
(6 PESSOAS)

3 abobrinhas
500g de carne bovina
1 cebola
2 tomates
1 xícara de queijo ralado

Lave as abobrinhas. Corte-as ao meio e limpe-as com uma colher. Numa panela, coloque 3 colheres de azeite de oliva e, em seguida, a carne cortada em pedaços bem pequenos. Misture bem e acrescente a cebola e o tomate picados. Misture novamente. Deixe refogar por uns 15 minutos e adicione o queijo ralado, não toda a xícara, guarde um punhado. Mexa e desligue o fogo. Coloque o recheio dentro de cada metade das abobrinhas. Cubra-as com o queijo ralado que sobrou. Coloque-as numa fôrma. Leve ao forno por 40 minutos.

Aipim com lingüiça
(8 PESSOAS)

1kg de lingüiça
1kg de aipim
6 ovos
200g de queijo fatiado
3 colheres de azeite de oliva

Parece uma torta de aipim. Ele faz a vez da massa. A lingüiça dá o toque picante. Se for defumada, fica ainda melhor. Um bom prato para servir numa noite fria de inverno acompanhado apenas por um cálice de vinho tinto.

Cozinhe o aipim em uma panela com água. Enquanto isso, coloque o azeite de oliva e frite a lingüiça picada até parecer um guisado. Quando o aipim estiver se desmanchando, retire-o da panela. Unte uma fôrma e faça uma camada com a lingüiça. Cubra com os ovos batidos e, por cima, uma camada do aipim. Em seguida, complete com a lingüiça, cubra com o queijo e leve ao forno para gratinar.

Batata colorida
(2 PESSOAS)

1 pacote de batata-palha
1 pimentão vermelho
1 pimentão verde
1 pimentão amarelo
1 cebola

Corte os pimentões e a cebola em finas fatias. Coloque as batatas numa panela com azeite e em seguida acrescente os pimentões e a cebola já cortados. Deixe refogar uns minutos e está pronto.

Batata exibida
(4 PESSOAS)

4 batatas
1 ovo
1 xícara de farinha de trigo
amêndoas, nozes, amendoim ou frutas secas

Corte as batatas em pedaços pequenos e coloque numa panela com água para cozinhar. Quando estiverem macias, retire-as da panela, escorra a água e esmague-as com um garfo. Depois faça bolas ou bolinhos com as batatas. Passe as bolas na farinha de trigo e depois no ovo. Por fim, cubra-as de amêndoas, ou de nozes picadas, ou de amendoim, ou até de frutas secas. Coloque-as numa fôrma e leve ao forno por alguns minutinhos, cuidando para não queimar. Para acompanhar, ainda pode ser feito um "Repolho enfeitado" (ver receita, p.104).

Bauru ao prato de Caxias
(1 PESSOA)

1 bife
2 fatias de pão
2 fatias de presunto
4 fatias de queijo
2 dentes de alho
2 tomates
3 colheres de azeite
sal e pimenta-do-reino

Pique bem os tomates. Coloque-os para ferver numa panela com um fio de azeite de oliva, um pouco de sal e duas pitadas de pimenta-do-reino. Numa frigideira com 3 colheres de azeite e alho bem picado, frite as fatias de pão. Dos dois lados. Depois, arrume-as numa fôrma e leve ao forno bem baixo. Na mesma frigideira, frite as fatias de presunto, virando dos dois lados, e, em outra, frite o bife, já temperado com sal e com um pouquinho de azeite, também virando dos dois lados. Quando virar as fatias de presunto, coloque 2 fatias de queijo em cima de cada uma delas. Quando o queijo derreter, é hora de montar o prato. Coloque uma fatia de pão, uma das fatias de presunto com o queijo, o bife, a outra fatia de presunto com o queijo e, por cima de tudo, o molho de tomate.

Bolão de batata
(8 PESSOAS)

Para a massa:
6 batatas cozidas
2 ovos
2 colheres de farinha de trigo
50g de queijo ralado
salsinha
½ copo de leite

Para o recheio:
500g de carne moída
1 cebola
2 tomates
1 colher de farinha de trigo
3 colheres de massa de tomate
1 copo de caldo de carne
azeite de oliva

Comece pelo recheio. Aqueça numa frigideira um pouco de azeite de oliva e a carne moída. Em seguida, a cebola picada. Misture. Acrescente os tomates já picados e 1 colher de farinha de trigo. Misture novamente. Coloque a massa de tomate e o caldo de carne. Mexa bem e deixe refogar até que o molho fique bem homogêneo e consistente. Enquanto isso, numa tigela, esmague as batatas já cozidas. Misture os 2 ovos, as outras 2 colheres de farinha de trigo, o queijo ralado e a salsinha. Mexa bem e depois, com as mãos, misture bem a massa. Se for preciso, coloque um pouquinho do leite para deixá-la mais mole. Unte um refratário e coloque um pouco da massa no fundo. Cubra bem com o recheio de carne e, por cima, faça mais uma camada com a massa de batata. Leve ao forno para dourar e sirva bem quente!

Bolinhos de batata
(4 PESSOAS)

4 batatas
1 cebola
1 ovo
farinha de trigo
salsinha

Descasque as batatas e as cebolas e rale-as. Coloque-as em uma tigela e acrescente o ovo. Mexa. Vá acrescentando a farinha de trigo até que a mistura fique um creme. Mas, cuidado: não engrosse muito. Tem que ficar no ponto de fazer as bolinhas com uma colher. Coloque sal e salsinha. Misture. Aqueça uma frigideira com bastante óleo e, com uma colher, vá colocando a mistura na frigideira, formando montinhos. Deixe dourar e vire com um garfo. Quando o outro lado estiver dourado, tire da frigideira e coloque num prato com papel-toalha. Uma dica: coma quente. Pode servir com molhinhos tipo maionese, mostarda ou, então, como acompanhamento para uma sopa cremosa.

Camembert empanado
(4 PESSOAS)

200g de queijo camembert
1 ovo
1 xícara de azeite de oliva
3 colheres de farinha de rosca
3 colheres de nozes moídas

Corte o queijo em 4 pedaços iguais. Em uma tigela, bata o ovo com uma colher de azeite. Passe os pedaços de queijo na farinha de rosca misturada com as nozes. Em seguida, passe-os no ovo e, por último, novamente na farinha. Aqueça o restante do azeite em uma frigideira, coloque os pedaços de queijo e frite por 4 minutos, ou até dourar. Retire-os e coloque-os sobre papel-toalha para retirar o excesso de óleo. Sirva com uma salada de sua preferência ou como aperitivo.

Canoa de pimentão
(4 PESSOAS)

2 pimentões
200g de guisado, ou frango desossado ou peixe
1 cebola
2 tomates
50g de queijo fatiado
queijo ralado

Corte ao meio os pimentões, para que as metades fiquem em forma de canoa, limpe-os e leve-os ao forno para assar por meia hora, até que fiquem macios. Enquanto isso, prepare um refogado, que pode ser feito com guisado, frango ou peixe picados, numa frigideira quente com a cebola e os tomates também picados. Quando o refogado estiver quase pronto, acrescente queijo ralado. Recheie as canoinhas de pimentão com esse refogado e cubra cada uma delas com uma fatia de queijo. Leve-as ao forno novamente, só o tempo suficiente para derreter o queijo. Em geral, duas canoinhas por pessoa é o suficiente, mas não vão faltar gulosos capazes de comer o dobro.

Casquinhas de queijo
(1 PESSOA)

1 colher de manteiga
30g de queijo parmesão ralado
farinha de rosca
1 pão tipo árabe

Corte o pão ao meio no sentido horizontal. Passe um pouco de manteiga sobre a metade do pão e cubra com o parmesão ralado. Salpique a farinha de rosca sobre o parmesão e leve ao forno para dourar bem. Retire do forno e coloque sobre uma tábua. Corte em 8 ou 10 fatias paralelas. Sirva em um prato redondo.

Cebolada
(4 PESSOAS)

4 cebolas graúdas
3 colheres de manteiga
2 ovos
2 colheres de salsinha picada
4 fatias de pão italiano

Pique finamente as cebolas. Coloque a manteiga em uma panela e aqueça bem. Acrescente as cebolas e salpique com um pouco de sal. Refogue em fogo baixo para que as cebolas fiquem bem macias. Misture regularmente para que as cebolas não queimem. Bata os ovos em uma tigela e adicione a salsinha, um pouco de sal e pimenta-do-reino. Misture às cebolas. Aumente o fogo e cozinhe os ovos com as cebolas, misturando bem. Aqueça as fatias de pão italiano e distribua a cebolada sobre elas. Sirva imediatamente.

Chocolate de inverno
(2 PESSOAS)

2 copos de leite
100g de chocolate em barra
2 colheres de chocolate em pó
1 colher de maisena
1 gema de ovo

O chocolate tem qualidades que fazem dele um alimento valioso para a nossa saúde. Líquido ou em barra, ele tem o poder de estimular o sistema nervoso central e a musculatura. Além disso, tem antioxidantes e fenóis, quer dizer: faz bem ao coração. E mais: estimula a produção de serotonina, substância cerebral que dá sensação de calma e prazer.

Um bom chocolate quente é uma pedida e tanto a qualquer hora. A partir de uma receita ótima de chocolate quente, da minha mãe, incrementei a mistura e o preparo, e ficou ótimo. Bato no liquidificador o chocolate em pó com o leite, o chocolate em barra, a maisena e a gema. Depois levo ao fogo numa panela para engrossar. É importante mexer sempre, em fogo baixo, até que a mistura fique bem consistente. É irresistível.

Empadinha de tomate seco

Para a massa:
$2/3$ de xícara de farinha de trigo
¼ de xícara de manteiga ou margarina
1 pitada de sal
1 pitada de fermento em pó
2 gemas
$1/3$ de xícara de leite

Para o recheio:
200g de tomates secos
3 colheres de manteiga
2 dentes de alho
1 xícara de leite
3 colheres de farinha de trigo
6 filés de anchovas picados
1 colher de salsinha picada

Prepare a massa colocando a farinha em uma tigela. Adicione toda a manteiga ou margarina, o sal, o fermento e as gemas. Amasse, adicionando o leite, até que os ingredientes fiquem bem ligados. Leve à geladeira por 30 minutos. Para o recheio, pique os tomates secos em pedaços e leve-os para refogar numa panela com a manteiga, o alho, pimenta-do-reino e os filés de anchovas. Depois de tudo bem refogado, junte um pouco de água, para formar um molho, e deixe cozinhar por mais alguns minutos. Retire a panela do fogo e adicione a farinha de trigo desmanchada em um pouco de leite e as duas gemas. Misture tudo muito bem e leve novamente ao fogo para que o molho engrosse. Acrescente a salsinha, acerte o ponto de sal e pimenta-do-reino. Deixe o recheio esfriar. Estenda a massa de empadinhas com o rolo e forre forminhas untadas com manteiga ou margarina. Encha-as com o recheio e cubra-as com uma tampa de massa. Pincele a tampa com uma gema levemente batida e leve ao forno por aproximadamente 30 minutos para assar e dourar.

Entrevero
(12 pessoas)

300g de *bacon*
700g de peito de frango
200g de salsichão
800g de alcatra
2 cebolas

3 tomates grandes
1 pimentão
3 colheres de azeite de oliva
orégano, pimenta e sal

Pique todos os ingredientes em cubos, menos o salsichão, que deve ser cortado em rodelas pequenas. Salgue o frango e a alcatra antes de levar ao fogo. Aqueça o azeite de oliva numa panela grande. Adicione o bacon picado. Na seqüência, agregue o frango picado e uma pitada de orégano, pimenta e sal. Coloque o salsichão e a alcatra. Depois a cebola, o tomate e o pimentão. Deixe cozinhar até o molho encorpar. Acrescente uma colher de manteiga. Para acompanhar, faça um arroz branco.

Farofa de Natal

250g de moelas de galinha
250g de fígados de galinha
250g de corações de galinha
2 cebolas
2 tomates
2 dentes de alho
100g de azeitonas
100g de frutas cristalizadas
200g de farinha de mandioca
½ copo de vinagre

½ copo de caldo de carne
3 colheres de azeite de oliva
1 colher de manteiga

Numa panela ampla, coloque o azeite de oliva e a manteiga. Quando a manteiga estiver quase derretida, coloque as moelas, os fígados e os corações cortados em pedaços pequenos. Misture e acrescente a cebola, o alho e o tomate picados. Misture novamente. Deixe cozinhar um pouco e coloque o vinagre e o caldo de carne. Em seguida, as azeitonas e as frutas cristalizadas. Acerte o sal. Mas cuidado, porque o caldo de carne já é salgado. Depois é só ir colocando a farinha de mandioca, aos poucos, até ficar com a consistência que você preferir! Eu gosto de muita farinha, por isso coloquei toda a quantidade de farinha indicada na receita. Mas, se você preferir, coloque um pouco menos. Esta é daquelas receitas que você tem que ir sentindo. Só não coloque toda a farinha de uma só vez, esta é a dica!

Feijoada de camarão à moda Algarvia
(8 PESSOAS)

600g de camarões médios
500g de feijão branco cozido
100g de cebolas
100g de tomates

2 dentes de alho
1 colher de sopa de azeite
1 folha de louro
1 ramo de salsa
1 ramo de coentro
½ cenoura
1 colher de chá de massa de pimentão (pimentão vermelho assado/cozido reduzido a purê)
sal e pimenta
1 copo pequeno de vinho branco

Receita de Alberto R. Caneyro, nosso amigo de Sintra, Portugal, que nos acompanha pela internet. Cozinhe o feijão (depois de estar de molho de véspera) com um leve fio de azeite. Cozinhe o camarão e descasque-o (reserve as cascas e as cabeças). Parta uma cebola em rodelas e leve-a ao fogo com o azeite. Junte as cabeças dos camarões e suas peles e leve ao fogo com pouca água para cozinharem um pouco mais; depois de cozidos, esmague tudo num almofariz (ou outro processo) e passe por uma peneira, para aproveitar todos os sucos. Corte as cebolas restantes e doure-as, juntamente com o azeite, os alhos picados, o louro, a salsa e o coentro e os tomates picados. Quando estiver tudo dourado, regue com o vinho branco e adicione a massa de pimentão, os camarões, o suco das cabeças e cascas e, por fim, o feijão cozido. Complete com a água onde o feijão cozinhou e tempere com sal e pimenta a gosto.

Feijoada de peixe
(8 PESSOAS)

1kg de peixe
500g de feijão branco
100g de *bacon*
1 batata
3 cenouras
1 cebola
2 copos de caldo de peixe
1 copo de vinho branco
3 tomates

É uma versão à brasileira da "feijoada de camarão" portuguesa.

Primeiro é preciso retirar o excesso de gordura do *bacon*. Coloque um pouco de óleo numa frigideira e o *bacon* para fritar. Em seguida, retire o *bacon* da frigideira, sem a gordura. Numa panela ampla, coloque um pouco de óleo, o *bacon* e a cebola cortados. Em seguida, os tomates e as cenouras picados. Depois a batata também cortada. Em seguida, o feijão, que deve ter ficado de molho em água por duas horas. Coloque o feijão com a água. Acrescente o vinho e o caldo de peixe. Tampe a panela e deixe cozinhar por, no mínimo, 40 minutos. Depois, coloque o peixe cortado e acerte o sal. Deixe cozinhar por mais alguns minutos para aprontar o peixe. Depois é só servir bem quente!

Flan de cenoura
(4 PESSOAS)

400g de cenouras
2 colheres de azeite de oliva
100ml de caldo de legumes
1 xícara de iogurte natural de consistência firme
3 ovos
200g de ervilhas frescas congeladas
2 cebolas pequenas
alguns ramos de salsinha
sal e pimenta-do-reino

Limpe, lave, rale a cenoura e coloque-a em uma panela. Refogue-a com 1 colher de azeite de oliva, por 5 minutos. Despeje o caldo de legumes e deixe cozinhar por 10 minutos, em fogo médio. Adicione sal e pimenta-do-reino, mexa, desligue o fogo e deixe esfriar. Em seguida, bata no liquidificador a cenoura com o líquido do cozimento, o iogurte e as gemas. Bata à parte as claras em ponto de neve firme e incorpore ao creme de cenoura. Cozinhe as ervilhas por 5 minutos em água com sal. Pique as cebolas e refogue-as numa frigideira com o azeite restante. Adicione as ervilhas escorridas, polvilhe com a salsinha e tempere com sal e pimenta-do-reino. Deixe cozinhar por mais 5 minutos. Desligue o fogo e espere amornar. Misture metade do refogado de ervilhas ao creme de cenouras e despeje numa fôrma quadrada com capacidade para 1 litro. Cozinhe em banho-maria, no fogo médio, por 40 minutos. Espere amornar, desenforme o *flan* e sirva com o refogado de ervilhas restante.

Folhas com queijo
(4 PESSOAS)

1 molho de alface
1 molho de rúcula
2 cenouras pequenas
100g de queijo em cubos
50g de queijo parmesão ralado
4 tomates grandes
1 pepino pequeno
2 limões
½ maço de hortelã fresca
½ maço de salsinha

Corte a alface e a rúcula em tirinhas. Rale a cenoura e o pepino. Pique bem o tomate. Misture tudo numa tigela e mais o queijo. Tempere com sal, pimenta, suco de limão e azeite de oliva. Polvilhe de hortelã e salsinha picadas e cubra com queijo ralado. Misture bem e sirva.

Fritada acebolada de presunto
(4 pessoas)

200g de presunto
1 cebola
2 batatas cozidas
4 ovos
50g de queijo parmesão ralado

É para aquele time que curte cebola, é claro. Em uma tigela, bata os ovos com um batedor manual até que clara e gema fiquem misturados. Em seguida, junte o presunto e a cebola bem picados e o queijo ralado. Mexa até ficar homogêneo. Incorpore as batatas cozidas cortadas em cubos e misture delicadamente. Numa frigideira, aqueça o óleo. Despeje a mistura de ovos e frite em fogo baixo, com a frigideira tampada, por uns 5 minutos, ou até dourar as bordas. Com uma espátula, vire a fritada com cuidado e deixe por mais 5 minutos, ou até dourar. Retire do fogo e coloque sobre papel-toalha, para retirar o excesso de gordura. Sirva em seguida. Um bom vinho tinto é o acompanhamento ideal desta fritada acebolada de presunto.

Fritada de abóbora
(4 PESSOAS)

500g de abóbora-moranga sem casca, cortada em lâminas finas
½ xícara de azeite de oliva
5 ovos
1 pitada de fermento em pó
1 xícara de queijo-de-minas fresco cortado em cubos pequenos

Frite a abóbora numa frigideira com o azeite de oliva. Incorpore os ovos batidos com o fermento, o queijo e uma pitada de sal. Cozinhe até a fritada dourar dos dois lados. Retire do fogo e sirva com vagem salteada na manteiga e manjericão (ver receita, p. 118).

Fritada de siri
(6 PESSOAS)

500g de carne de siri
6 ovos
2 cebolas médias
1 tomate
½ pimentão vermelho
2 dentes de alho
4 colheres de óleo

¼ de xícara de leite de coco
1 colher de farinha de rosca

Coloque o óleo em uma frigideira e leve ao fogo, acrescente a cebola, o alho e o pimentão picados finamente. Se gostar, pode colocar um pouco de folhas de coentro. Refogue bem em fogo baixo e, assim que estiverem macios, acrescente a carne de siri, aumente o fogo e refogue por 5 minutos. Regue com o leite de coco. Misture bem e tempere com sal e pimenta-do-reino, apague o fogo e deixe esfriar. Separe os ovos e bata levemente as gemas em uma tigela, com um pouco de sal e pimenta-do-reino. Acrescente o refogado de siri e misture muito bem. Bata as claras em neve e junte misturando delicadamente. Unte levemente um refratário com um pouco de óleo e despeje a mistura. Decore com fatias da cebola restante e fatias de tomate. Salpique com um pouco da farinha de rosca e leve ao forno preaquecido por 25 minutos ou até que esteja bem dourado.

Fritada geral
(6 PESSOAS)

6 ovos
1 pacote de batata-palha
2 tomates
1 cebola

400g de frango
200g de presunto
200g de queijo
1 punhado de tomate cereja

Corte o frango em pedaços. Leve para uma frigideira com azeite. Coloque o presunto picadinho e misture bem. Acrescente a cebola e o tomate bem picados e misture novamente. Deixe cozinhar um pouco, uns 5 minutos. Depois coloque a batata-palha e o queijo picado. Em seguida, em um prato, bata os ovos, coloque uma pitada de sal e outra de pimenta e acrescente-os à fritada. Para dar um toque especial, coloque um punhado de tomates-cereja e tampe a panela. Deixe cozinhar por 10 minutos! Está pronta!

Geléia de uva

3kg de uva preta
1kg de açúcar cristal

Geléia feita em casa tem o seu valor. Você começa a prepará-la e, enquanto ela ferve no fogo, você faz um pão bem fácil de liquidificador (ver receita, p.166). Depois, retira o pão quentinho do forno e saboreia a geléia feita em casa. Um show! *Esta receita já fez muita gente ir lá em casa me visitar só para ganhar um potinho da minha geléia...*

Numa panela grande, coloque as uvas uma por uma. Depois esmague-as bem com as mãos. Leve ao fogo baixo por, em média, 30 minutos. Depois desse tempo, você vai ter quase um creme de uva. Retire do fogo e passe este creme em uma peneira, com força. Retorne o líquido que resultou ao fogo, com o açúcar, e mexa bem. Deixe cozinhar por mais 20 minutos, cuidando para não pegar no fundo. Depois leve para a geladeira. Está pronta!

Gratinado de batata
(6 PESSOAS)

500g de batatas
2 colheres de margarina
1 xícara de creme de leite
50g de *bacon*
2 colheres de queijo parmesão ralado

Corte o *bacon* em pequenos cubos e doure-os em uma frigideira. Escorra e reserve. Descasque as batatas e rale-as no lado grosso do ralador. Derreta a margarina em uma pequena panela e misture-a ao creme de leite. Misture as batatas e o *bacon*, tempere com sal e pimenta-do-reino, coloque a mistura em um refratário e regue com o creme misturado à margarina. Salpique com o parmesão e leve ao forno por cerca de 40 minutos, para dourar.

Hambúrguer de forno
(4 PESSOAS)

1 cebola
2 gemas
500g de carne moída
farinha de rosca
sal

Tempere a carne moída com sal. Acrescente as duas gemas e, aos poucos, a cebola picada. Faça uma massa. Depois, separe-a em pedaços, moldando cada hambúrguer. Ai é só passá-los na farinha de rosca e colocá-los numa fôrma. Leve ao forno por, mais ou menos, 1 hora e meia. Dá para fazer um bom sanduíche com tomate, alface e queijo ou então servir os hambúrgueres com arroz e batata-palha.

Hambúrguer de frango
(6 PESSOAS)

1kg de peito de frango
½ xícara de chá de salsão picado
3 colheres de manjericão picado
4 colheres de farinha de rosca
2 colheres de óleo
sal a gosto

Lave o frango, seque com papel-toalha e pique-o. Despreze os ossos e a pele. Coloque no processador o frango, o salsão, o manjericão e o sal. Bata até obter uma pasta, transfira para uma tigela e adicione a farinha de rosca. Misture até obter uma massa homogênea, que possa ser moldada. Se necessário, acrescente mais farinha. Divida a massa em 8 partes iguais e modele os hambúrgueres. Aqueça o óleo em uma frigideira, coloque os hambúrgueres e frite-os até dourarem dos dois lados. Sirva com salada, legumes na manteiga ou em um sanduíche. Para enriquecê-lo, prepare um molho com maionese *light* e salsão bem picado, distribua no pão de hambúrguer e complete com a carne frita.

Hambúrguer de peixe
(4 PESSOAS)

500g de filés de pescada
1 cebola média
2 dentes de alho amassados
4 colheres de salsinha
2 colheres de farinha de trigo peneirada
2 colheres de azeite de oliva
1 batata média descascada
1 cenoura média descascada
1 xícara de ervilhas
2 colheres de cebolinha picada

Lave os filés de peixe e seque-os com papel-toalha. Corte-os em pedaços pequenos, como se fossem moídos. Coloque em uma tigela. Descasque, lave e rale a cebola. Coloque-a em uma peneira, esprema bem para retirar o excesso de líquido e junte-a ao peixe. Junte o alho, a salsinha, a farinha e o sal. Misture com a ponta dos dedos até obter uma massa homogênea. Divida a massa em 4 porções e modele os hambúrgueres com um cortador redondo de 10cm de diâmetro. Unte uma frigideira grande e antiaderente com o azeite e grelhe os hambúrgueres até dourarem. Reserve. Coloque em uma panela a batata, a cenoura e as ervilhas. Cubra com água e adicione o sal. Leve ao fogo até ficarem *al dente*. Retire, escorra e coloque em uma tigela. Misture a cebolinha e, se necessário, acerte o sal. Disponha os legumes nos pratos e coloque os hambúrgueres por cima.

Lasanha de arroz
(6 PESSOAS)

2 xícaras e ½ de arroz tipo parboilizado, cozido
3 colheres de requeijão
2 tomates picados, sem pele e sem sementes
1 colher de orégano
100g de presunto cortado em tirinhas
100g de queijo tipo mozarela cortado em tirinhas
queijo parmesão ralado para polvilhar

Em uma vasilha, misture o arroz, o requeijão, os tomates e o orégano. Tempere com o sal e a pimenta-do-reino. Num refratário médio, coloque uma camada de arroz, espalhe por cima o presunto e o queijo. Repita as camadas e termine com o arroz. Polvilhe com bastante queijo ralado e leve ao forno em temperatura média durante 15 minutos. Sirva em seguida. Sugestão: acrescente ervilhas, milho e palmito. Dica: substitua o requeijão por maionese.

Lasanha voadora
(4 pessoas)

700g de peito de frango
1 cebola
1 tomate
1 batata
folhas de espinafre
fatias de presunto
fatias de queijo
queijo parmesão ralado grosso

Corte o peito em duas metades, como se fossem bifes. Bata os pedaços de frango com um batedor de bifes. Tempere com o suco de 1 limão, sal e pimenta. Tempere bem dos dois lados e corte em 2 os bifes de frango. Depois, em um refratário, coloque 4 fatias finas de batata (crua e com casaca). Por cima, coloque o frango e cubra com fatias finas de cebola. Coloque folhas de espinafre e, por cima, o queijo fatiado. Depois o presunto e, por último, o tomate. Faça ainda mais uma camada com fatias de queijo e enfeite com o queijo ralado grosso. Leve para o forno por, em média, 40 minutos.

Licor de chocolate

½ litro de vodca
½ litro de água
500g de açúcar
250g de chocolate em pó
1 colher de chá de essência de baunilha

Misture o açúcar ao chocolate em pó, coloque em uma panela e acrescente a água. Leve ao fogo baixo e cozinhe até que o açúcar dissolva. Deixe amornar. Acrescente a vodca e a essência de baunilha. Coloque em uma garrafa, tampe e deixe na geladeira por 2 dias. Passe por um filtro de papel e engarrafe novamente. Está pronto para ser consumido com moderação.

Pão de carne
(6 PESSOAS)

1kg de carne bovina
3 pãezinhos pequenos
1 dente de alho
1 cebola
200g de queijo ralado grosso
1 copo de leite
4 ovos

Esta receita foi feita a partir de uma amável sugestão de Suzana Maieski, de Gravataí, RS. Coloque 3 ovos para cozinhar em água. Enquanto isso, coloque o leite por cima dos pãezinhos e amasse-os com as mãos. Retire o excesso de leite e misture à massa formada a carne cortada em pedaços pequenos. Acrescente o outro ovo inteiro, a cebola e o alho bem picadinhos. Por último, coloque o queijo. Misture tudo e, com as mãos, sove bem. Unte e enfarinhe uma fôrma para pão e coloque uma camada da massa de carne. Depois coloque os ovos cozidos picados e cubra-os com o restante da massa, socando bem. Leve ao forno preaquecido por 1 hora.

Pizza de china pobre
(4 PESSOAS)

Para a massa:
600g de farinha de trigo
2 tabletes de fermento fresco
1 pitada de sal
água morna

Para o recheio:
200g de lingüiça calabresa
1 tomate
1 cebola
100g de toucinho
150g de queijo ralado grosso
200g de queijo fatiado
2 colheres de azeite de oliva

Para fazer a massa, misture a farinha peneirada com a pitada de sal e o fermento fresco. Vá colocando a água aos poucos, até que a massa fique levemente mole. Coloque a massa numa fôrma untada e enfarinhada e deixe crescer por 1 hora. Enquanto isso, faça o recheio. Numa frigideira, coloque o azeite de oliva. Em seguida, acrescente o toucinho picado e a lingüiça cortada em rodelas. Misture. Junte a cebola e o tomate bem picados. Misture. Para finalizar, coloque um pouco do queijo ralado grosso e misture.

Coloque camadas de queijo fatiado sobre a massa e, por cima, o refogado. Cubra com mais queijo fatiado e queijo ralado. Leve ao forno por 40 minutos.

Pastelão de frango
(6 PESSOAS)

Para a massa:
2 xícaras de farinha de trigo
150g de margarina
¼ de xícara de água
1 colher de chá de sal

Para o recheio:
500g de frango desossado
1 cebola
½ pimentão picado
1 dente de alho
1 copo de caldo de galinha
1 colher de farinha de trigo
3 colheres de massa de tomate

Comece pelo recheio. Numa frigideira com azeite, coloque o frango cortado em iscas. Em seguida, a cebola e o alho picados. Depois acrescente a farinha de trigo. Misture bem. Por último, coloque a massa de tomate e o caldo de galinha. Deixe refogar bem e desligue o fogo. Para fazer a massa, coloque a margarina numa gamela e acrescente a farinha. Com um garfo, misture bem. Quando estiver uma farofa, coloque a água gelada já misturada com o sal. Com as mãos, faça uma massa. Não é preciso sovar. Abra a massa em cima da mesa com um rolo. Corte um pedaço dela para forrar o fundo de um refratário pequeno. Se preciso, utilize farinha de trigo para não deixar a massa grudar no rolo e na mesa. Corte a massa para cobrir os lados e outra para cobrir o empadão. As sobras de massa servem para enfeitá-lo. Coloque o recheio de frango, que não deve estar quente, e feche o empadão. Faça os enfeites e pincele com gema de ovo. Leve ao forno por 40 minutos. Está pronto!

Pizza falsa
(4 pessoas)

1 pacote de pão de fôrma
1 xícara de maionese
fatias de presunto
fatias de queijo
1 pacote de batata-palha

Faça uma base, acomodando metade das fatias de pão numa fôrma grande. Passe a maionese com exagero em cima das fatias e depois coloque as fatias de queijo e de presunto sobre elas. Cubra tudo com as fatias restantes do pão e coloque mais uma camada de maionese, de presunto e de queijo. Por último, cubra com a batata-palha. Leve ao forno por 20 minutos. Ou até derreter bem o queijo.

Pizza integral
(4 PESSOAS)

Para a massa:
400g de farinha de trigo integral
400g de farinha de trigo
2 tabletes de fermento fresco
1 pitada de sal
água morna

Para o recheio:
1 cenoura ralada
½ couve
50g de vagem
1 tomate
1 cebola
200g de queijo fatiado
3 colheres de azeite de oliva
orégano

Misture todos os ingredientes da massa numa tigela grande. Deixe para colocar a água por último. Vá sentindo, mexendo, até que a massa fique levemente mole. Coloque-a numa fôrma de pizza untada e enfarinhada e deixe crescer por 30 minutos. Enquanto isso, coloque o azeite de oliva numa frigideira e junte a cebola e o tomate picados. Misture e coloque a cenoura ralada. Em seguida, acrescente a couve cortada em tiras e a vagem picada. Mexa bem. Quando a massa estiver crescida, coloque o refogado por cima, cubra com queijo e salpique o orégano. Leve ao forno por 20 minutos.

Polenta do rei
(8 PESSOAS)

500g de carne moída
500g de lingüiça
1 tomate
1 cebola
3 colheres de massa de tomate
2 colheres de manteiga
2 xícaras de farinha de milho especial para polenta
50g de queijo ralado
200g de queijo fatiado
500g de queijo ralado grosso

Comece pelo recheio: em uma frigideira com azeite de oliva, faça um refogado com a lingüiça desmanchada, a carne moída, a cebola e o tomate picadinhos e a massa de tomate. Quando a lingüiça e a carne estiverem bem cozidas, desligue o fogo. Prepare agora a polenta, que deve ficar bem mole. Coloque para ferver numa panela 7 xícaras de água. Numa vasilha com 2 xícaras de água fria, coloque a farinha de milho e misture. Quando a água na panela estiver fervendo, coloque a farinha misturada com a água fria. Misture. Deixe cozinhar mexendo sempre. Um pouco antes de abrir a fervura novamente, coloque a manteiga e o queijo ralado. Misture bem. Pronto o refogado, pronta a polenta, é hora de finalizar. Num refratário ou fôrma de servir, use metade da polenta mole para forrar o recipiente. Por cima, coloque as fatias de queijo, fazendo uma "base", e sobre ela derrame o refogado de carne com lingüiça. Cubra com o restante da polenta. Por cima de tudo, espalhe o queijo ralado grosso e sirva em seguida.

Porquinho do mar
(2 PESSOAS)

300g de mexilhões
1 copo de vinho branco
200g de presunto picado
2 dentes de alho
1 limão
3 colheres de azeite de oliva

O "porquinho" do nome é por causa do presunto. É uma receita portuguesa, do nosso amigo português Fábio Júnior.

Lave bem os mexilhões e refogue-os numa frigideira com o azeite de oliva. Em seguida, acrescente o presunto picado, uma pitada de sal, o vinho e o alho picado. Tampe a frigideira, deixe cozinhar por 5 minutos e está pronto. Sirva com limão e, para acompanhar, fatias de pão.

Presunto com ovos
(1 pessoa)

2 fatias de presunto
1 ou 2 ovos
2 fatias de queijo mozarela

Como é porção individual, escolha a seu gosto: um ou dois ovos. Numa frigideira, de preferência antiaderente, frite o presunto em pouco óleo. Abra os ovos sobre o presunto e cubra com as fatias de queijo. Tampe a frigideira e deixe em fogo baixo, até que os ovos cozinhem (regule o seu ponto favorito dos ovos) e o queijo derreta.

Purê de mandioquinha
(6 pessoas)

500g de mandioquinha
2 colheres de manteiga

2 colheres de queijo parmesão ralado
1 gema
½ xícara de leite

A mandioquinha também é conhecida pelo nome de batata baroa.

Descasque as mandioquinhas e corte-as em pedaços de 2cm. Cozinhe-as em água levemente salgada. Quando estiverem bem macias, escorra e passe pelo espremedor de batata. Numa panela, misture a gema ao leite e acrescente as mandioquinhas; leve ao fogo e vá mexendo até obter uma consistência bem cremosa. Acrescente o queijo ralado e a manteiga. Sirva bem quente como acompanhamento de carnes e peixes.

Quibe de peixe
(8 pessoas)

Para a massa:
800g de filés de peixe
300g de camarões médios
2 xícaras e ½ de trigo fino
4 colheres de cebola picada
1 colher de chá de raspas de casca de limão
3 colheres de salsinha picada
1 colher de coentro picado
1 pitada de cravo em pó

1 pitada de gengibre em pó
1 pitada de pimenta jamaica
sal
canela
noz-moscada
pimenta-do-reino
gomos de limão para guarnição

Para o recheio:
4 cebolas
2 colheres de passas de uva
sal, pimenta-do-reino e azeite

Lave bem o trigo e coloque de molho em água fria por cerca de 20 minutos, trocando a água 2 ou 3 vezes. Corte o peixe em cubos, junte os camarões e tempere com sal e pimenta-do-reino. Bata-os em um processador, acrescente o trigo e os ingredientes restantes e processe novamente, coloque em uma tigela e amasse bem até formar uma massa bem macia. Prepare o recheio, refogando a cebola em azeite de oliva e acrescentando as passas, sal e pimenta. Unte um refratário ou assadeira com manteiga e espalhe dentro metade da massa de peixes, coloque o recheio sobre ela e cubra tudo com a massa restante; alise e risque os retângulos, asse por cerca de 30 minutos.

Quiche de bacalhau e bacon
(6 pessoas)

Para a massa:
300g de farinha de trigo
150g de manteiga sem sal
1 ovo inteiro
1 pitada de sal
um pouco de água

Para o recheio:
200g de bacalhau (seco desfiado)
2 talos de aipo em cubos
100g de queijo suíço em cubos
1 colher de azeite
100ml de leite
3 ovos inteiros
3 gemas
300ml de nata
100g de *bacon* em cubos

Para fazer a massa, coloque a farinha na mesa e abra um poço no centro dela. Coloque neste poço os demais ingredientes para a massa e misture bem, incorporando tudo. Deixe a massa descansar por 30 minutos na geladeira. Estenda-a e forre uma fôrma de 23cm de diâmetro. Frite o *bacon* e tire o excesso de gordura. Misture-o com o bacalhau e coloque tudo no fundo da fôrma. Refogue no azeite o aipo em cubos e coloque-o sobre o bacalhau. Bata numa tigela o leite, a nata, os ovos e o queijo suíço. Encha a fôrma com este preparo e asse no forno médio por 30 minutos. Sirva quente.

Quiche de espinafre
(4 PESSOAS)

90g farinha de trigo
30g de nata
30g de margarina
½ cebola
1 dente de alho
1 molho de espinafre
2 ovos
sal

Misture a farinha, a margarina e a nata e amasse com as mãos até formar uma bola. Forre uma fôrma de alumínio média com ela e reserve. Enquanto isso, faça o recheio: refogue a cebola e o alho ralados e o espinafre cozido e picado. Depois misture o refogado ao molho branco (já pronto) e aos ovos batidos e recheie a massa reservada. Unte um prato refratário ou assadeira com manteiga e espalhe dentro metade da massa. Espalhe o recheio sobre ela e cubra-a com o restante da massa. Leve ao forno por cerca de 20 minutos.

Repolho enfeitado
(4 pessoas)

1 repolho
4 fatias de presunto
1 cebola
1 dente de alho

Corte o repolho e refogue-o numa frigideira com azeite de oliva. Acrescente o alho picado, a cebola cortada em pedaços e as fatias de presunto picadas e refogue mais um pouco. Sirva como acompanhamento de uma carne de porco.

Salada de aipim
(8 pessoas)

1kg de aipim
2 colheres de salsinha
2 colheres de cebolinha
raspas de limão
1 xícara de azeite de oliva
3 colheres de vinagre de maçã

Viva a mandioca! Para quem está acostumado a preparar uma salada de batatas para acompanhar o churrasquinho no fim de semana, atenção! Depois desta receita, vai ser difícil voltar às batatas.

Descasque os aipins, corte-os em pedaços pequenos e cozinhe-os em uma panela com água. Escorra os pedaços e coloque-os em um prato. Bata bem o azeite com o vinagre. Coloque uma pitada de sal, as raspas de limão, a salsa e a cebolinha. Despeje a mistura sobre os aipins ainda quentes, para que peguem mais o sabor dos temperos. Misture delicadamente e deixe esfriar. Decore com tomates-cereja e sirva.

Salada de verão
(4 pessoas)

½ repolho cortado em tiras
2 cenouras
1 lata de atum em água e sal
1 pé de alface
1 xícara de iogurte natural
folhinhas de manjericão
1 limão
sal e pimenta

O nome indica uma boa salada para os dias mais quentes, mas esta receita pode ser preparada em qualquer estação do ano. Em dias mais frios, pode acompanhar uma boa carne assada.

Coloque num prato fundo a alface em pedaços, o repolho, a cenoura e o atum. Misture bem. Para fazer o molho, basta bater num *mixer* ou no liquidificador o iogurte com o suco de limão e colocar uma pitada de sal, outra de pimenta e algumas folhinhas de manjericão. Depois é só colocar o molho na salada e servir!

Sanduichão do papai

São três versões do sanduichão. Uma de presunto e queijo, uma de carne e outra de salsicha. As quantidades dependem de quantos sanduíches você desejar fazer.

> massa para pastelão de forno (de preferência massa folhada). Um disco de massa para cada sanduichão
> fatias de queijo
> fatias de presunto
> tomate
> cebola
> guisadinho
> ovo cozido
> gema de ovo
> salsichas

Para fazer o sanduichão de presunto e queijo, coloque no centro do disco da massa duas rodelas de tomate. Cubra-as com duas fatias de queijo e uma fatia de presunto. Dobre as laterais da massa e depois as pontas como se fosse fechar um pacote. Aperte com cuidado. Tem que ficar bem fechado. Para fazer o sanduichão de carne, prepare primeiro o molho. Numa frigideira, coloque um pouco de azeite e o guisadinho. Em seguida, acrescente a cebola picada. Misture tudo e deixe cozinhar bem. Retire do fogo e deixe esfriar um pouco. No centro do disco da massa, coloque duas rodelas de tomate e, por cima, uma fatia de queijo. Coloque um pouco do guisadinho sobre o queijo e cubra com outra fatia de queijo. Feche as pontas e as laterais. Para fazer o de salsicha, enrole uma salsicha em três fatias de queijo. Coloque-a na ponta do disco da massa e vá enrolando a massa até que termine. Feche as pontas. Coloque os sanduichões numa fôrma e pincele-os com a gema de ovo. Leve ao forno, em média, por 40 minutos. Depois de 15 minutos de forno, cubra a fôrma com papel-alumínio.

Sanduíche gigante
(6 PESSOAS)

450g de pão para torta fria
500g de maionese
1 copo de requeijão
2 latas de atum
1 copo de iogurte natural
200g de pepinos em conserva

1 tomate
2 ovos cozidos
½ copo de leite

Faça duas pastas. Numa tigela, misture delicadamente metade do requeijão, o atum desfiado, metade do iogurte e 1 colher de maionese. Em outro recipiente, os pepinos e os tomates picados, o restante do requeijão e do iogurte e 1 colher de maionese. Sobre o prato que levará à mesa, coloque uma fatia do pão embebida em leite, e espalhe uma das misturas sobre ela, repetindo a operação com a outra mistura e assim por diante até o final do pão. Cubra tudo com a maionese que restou e enfeite com os ovos picados.

Suflê de couve-flor com queijo
(6 PESSOAS)

1 couve-flor
50g de manteiga
1 cebola
200ml de leite
3 ovos
100g de queijo parmesão ralado
3 fatias de pão de fôrma

Suflê pode parecer, para quem não está muito acostumado com os desafios da cozinha, um bicho-de-sete-

cabeças. E é. Mas, calma, não me abandone. Este suflê é ultrafácil. Não requer prática, habilidade e nem tem perigo de desmoronar. Você pode fazer numa fôrma de fundo removível e aí é uma barbada desenformar, ou, então, prepará-lo num refratário bem bonito, transparente, que possa ir para a mesa. É um belíssimo acompanhamento para uma carne ou até um prato único em uma refeição mais leve.

Unte uma fôrma redonda. Desmanche, com as mãos, as fatias de pão e coloque os farelos na fôrma. Reserve. Coloque a couve-flor cortada em ramos pequenos para cozinhar em água com uma pitada de sal. Enquanto isso, numa frigideira, leve a cebola bem picada para dourar em uma colher de manteiga. Bata os ovos e coloque-os na frigideira junto com o leite e metade do queijo ralado. Misture. Acrescente a couve-flor já cozida. Mexa bem. Coloque tudo na fôrma untada, por cima dos farelos de pão. Cubra com o restante do queijo ralado e leve ao forno por aproximadamente 25 minutos, ou, então, até que doure. Sirva quente.

Torta de bacalhau à italiana
(6 PESSOAS)

Para a massa:
3 gemas para pincelar a massa
600g de bacalhau em lascas grandes pré-cozidas

4 ovos cozidos cortados em fatias
300g de linguiça calabresa escaldada em fatias
150g de pepino em conserva fatiados
50g de azeitonas pretas sem caroço
½ litro de caldo de peixe ou de bacalhau
1 cebola cortada em rodelas
azeite de oliva
pimenta branca moída na hora
150g de presunto fatiado
2 discos de massa folhada pronta

Esta e outras receitas de bacalhau foram feitas a partir de generosas sugestões da Maria Helena Mattos. Unte um refratário redondo de tamanho proporcional ao disco de massa com manteiga e forre as laterais e o fundo com a massa folhada pronta. Nas laterais, cubra com fatias de presunto. Disponha os ingredientes de forma irregular, mas equilibrada, na assadeira. Cubria com o caldo de peixe ou bacalhau (o caldo se faz fervendo por uns 10 minutos aparas de peixe ou de bacalhau – é uma boa maneira de aproveitar a pele do bacalhau). Feche com o outro disco de massa. Pincele com as gemas e asse em forno a 200 graus por 25 minutos.

Torta de bacalhau à portuguesa
(6 PESSOAS)

500g de bacalhau desfiado, sem sal, temperado com pouca pimenta
7 batatas médias
1 lata de creme de leite sem soro
250g de maionese pronta
3 tomates médios
4 cebolas médias
1 pimentão grande
½ copo de salsa e cebolinha
½ lata de ervilhas (sem a água)
½ lata de palmito picado
3 ovos cozidos e cortados em pedaços
7 colheres de sopa de azeite
2 dentes de alho
1 xícara de azeitonas pretas
farinha de pão para polvilhar

Refogue no azeite a cebola e o alho picados, até dourar. Coloque o pimentão também picado, os tomates picados, a cebolinha verde e a salsa picadas, o bacalhau e um copo de água. Cozinhe por dez minutos. Acrescente o palmito, as azeitonas, as ervilhas e os ovos e cozinhe mais dez minutos. Enquanto isso, amasse as batatas já cozidas num prato refratário, forrando-o por igual, inclusive nas bordas. Em outra vasilha, misture o creme de leite e a maionese, formando um único creme. Agora é só arrumar: coloque uma camada de bacalhau e uma de creme, outra de bacalhau e mais uma de creme. Polvilhe a farinha de pão por cima e leve ao forno por 20 minutos. O bacalhau deve ser servido quente. Acompanha arroz branco. Há quem prefira comer com batata palha e, também, uma saladinha verde. Esta e outras receitas de bacalhau foram contribuições generosas de Maria Helena Mattos.

Tortilha de bacalhau fresco
(4 PESSOAS)

300g de bacalhau fresco
250g de cebolas
6 ovos
sal
6 colheres de azeite

Desmanche o peixe, tirando-lhe todas as espinhas e a pele. Descasque e pique finamente as cebolas e refogue-as no azeite até ficarem moles. Junte então o bacalhau desfeito, deixe fritar levemente durante 2 minutos, para que não fique demasiado seco, incorpore os ovos batidos, tempere com sal e faça a tortilha deixando-a dourar de ambos os lados, para ficar bem suculenta.

Torradas francesas
(4 pessoas)

8 fatias grossas de pão de fôrma
2 ovos
½ xícara de leite
3 colheres de farinha de trigo
2 colheres de açúcar
1 colher de essência de baunilha
3 colheres de margarina
1 colher de açúcar de confeiteiro
pitada de sal

Coloque em uma tigela a farinha de trigo e o açúcar. Acrescente o leite aos poucos para desmanchar a farinha e os ovos. Bata levemente. Coloque a essência de baunilha e reserve. Aqueça uma frigideira antiaderente e acrescente a margarina. Mergulhe rapidamente uma fatia de pão na mistura de ovos e coloque na frigideira. Doure dos dois lados, retire a torrada e coloque em uma travessa e repita até terminarem os ingredientes, salpicando com o açúcar de confeiteiro. Sirva quente.

Torta de aipim com frango
(8 PESSOAS)

- 1 pimentão picado
- 2 cebolas
- 500g de aipim
- 700g de frango em cubos
- 2 tomates
- 2 colheres de massa de tomate
- 1 copo de requeijão
- 3 colheres de azeite de oliva

O primeiro passo é colocar o aipim para ferver com bastante água. Quando estiver mole, retire-o da panela e esmague-o com um garfo. Numa frigideira, coloque o azeite de oliva e frite os cubos de frango. Doure de todos os lados. Acrescente a massa de tomate, o pimentão, as cebolas e os tomates picados. Deixe cozinhar. O tomate deve se desmanchar quase que totalmente. Em outra frigideira, derreta o requeijão. Depois coloque o aipim esmagado junto com o creme de requeijão e misture bem. Num refratário amplo, coloque uma camada do aipim com requeijão. Depois uma camada do molho de galinha e, por cima, mais uma camada do creme de aipim. Leve ao forno por, em média, 40 minutos. É preciso deixar a parte de cima dourada. Retire e sirva bem quente! Uma dica: quem gosta de queijo pode fazer uma última camada com queijo ralado grosso. Fica um espetáculo!

Torta relâmpago
(4 pessoas)

300g de galinha
3 colheres de massa de tomate
100g de queijo em fatias
100g de queijo em pedaços
100g de queijo ralado
2 xícaras de farinha de trigo
1 xícara de maisena
4 ovos
1 colher de fermento em pó
3 xícaras de caldo de galinha
3 colheres de azeite de oliva

Corte a galinha em pedaços bem pequenos. Coloque-os numa frigideira com o azeite de oliva. Misture bem. Acrescente a massa de tomate, mexa e deixe refogar. Enquanto isso, bata no liquidificador a farinha, a maisena, os ovos, o óleo, o caldo de galinha, o fermento e o queijo ralado. Unte e enfarinhe um refratário. Coloque metade da massa batida no liquidificador, cubra com fatias de queijo, coloque o refogado de frango e cubra como o restante da massa. Termine com uma boa camada de queijo em pedaços. Leve ao forno por 30 minutos.

Tortinha de queijo

Para a massa:
1 xícara e ½ de farinha de trigo
6 colheres de manteiga
1 ovo
2 colheres de água
1 pitada de sal

Para o recheio:
1 xícara e ½ de creme de leite
2 ovos
100g de queijo lanche
2 colheres de queijo parmesão ralado

Para preparar a massa, coloque a farinha de trigo em cima da mesa e abra um buraco no meio dela. Coloque no centro da farinha a manteiga gelada cortada em cubos. Misture com a ponta dos dedos até a massa ficar uniforme. Bata levemente o ovo com a água e uma pitada de sal e adicione à massa em cima da mesa. Sove bem com as mãos. Deixe descansar por 20 minutos. Enquanto isso, para o recheio, pique o queijo finamente. Bata ligeiramente os ovos e acrescente o creme de leite, o queijo picado e o parmesão ralado. Tempere com sal e pimenta-do-reino. Abra a massa com um rolo e forre forminhas individuais, tipo empada. Recheie-as e leve-as ao forno em temperatura média para assar dentro de uma fôrma grande. Asse por cerca de 25 minutos ou até o recheio firmar e a massa estar levemente dourada. Retire do forno e deixe esfriar antes de servir.

Trouxinhas de carne
(6 PESSOAS)

500g de guisado
1 dente de alho
1 cebola média
tempero verde
½ repolho

Esta receita pode ser preparada de duas formas: à milanesa, ou com molho. As duas são deliciosas, mas a primeira é a que faz mais sucesso entre as crianças. Passe cada trouxinha no ovo batido e na farinha de trigo. Frite-as em azeite bem quente. Servidas com feijão por cima, ficam uma delícia. Mas, se à milanesa são mais tentadoras, as trouxinhas com molho ficam mais light. *Depois de prontas, coloque-as dentro de um molho de tomate feito na hora ou aumente o refogado de guisado e, além de recheá-las, cubra-as com o molho de carne. Mas e como são feitas as trouxinhas? É simples.*

Coloque o guisado para refogar numa panela com azeite de oliva. Acrescente o alho e a cebola picados. Misture bem. Coloque uma pitada de sal, de pimenta e tempero verde. Deixe refogar até que a carne esteja bem cozida. Lave as folhas do repolho e abra cada uma delas. Coloque um pouco de guisadinho dentro de cada folha de repolho. Enrole a folha recheada com o guisado e prenda-a com um palito. E daí para frente você já sabe.

Vagem salteada com manteiga e manjericão
(4 pessoas)

500g de vagem cozida
2 colheres de manjericão
5 colheres de manteiga
3 colheres de chá de sal grosso

Misture numa tigela o manjericão picado com manteiga e o sal grosso. Coloque numa panela a vagem já cozida, leve ao fogo e, assim que secar, junte a manteiga temperada. Refogue, salteando de vez em quando, por 2 minutos. Retire do fogo e sirva como acompanhamento.

Arroz à chinesa
(8 PESSOAS)

3 xícaras de arroz branco já cozido
½ xícara cebolinha verde
½ xícara de ervilhas
150g de camarão miúdo sem a casca
150g de presunto picado
4 ovos
6 colheres de azeite de oliva

A cozinha chinesa é consolidada como uma delicada arte milenar. Formas, cores, textura, temperatura e sabor compõem os pratos, garantindo o equilíbrio e o sabor dos alimentos. Os chineses costumam aproveitar tudo o que tem na despensa! Então aqui vai uma receita típica dos chineses, claro, adaptada ao Rio Grande.

Numa panela com 3 colheres de azeite de oliva, frite os camarões, juntando em seguida o presunto e as ervilhas. Mexa rapidamente. Enquanto isso, em outra panela, aqueça outras 3 colheres de azeite de oliva e coloque os ovos ligeiramente batidos. Mexa por 4 minutos ou até que fiquem cremosos e cozidos. Misture-os na panela principal com os camarões, o presunto e as ervilhas. Misture também o arroz. Mexa e acrescente a cebolinha verde picada. Deixe em fogo baixo durante alguns minutos, mexendo de vez em quando, até ficar bem quente. Uma dica: este arroz pode ser consumido como prato único, ou acompanhando outros clássicos da cozinha chinesa que foram abrasileirados, como frango xadrez, carne com brócolis ou porco agridoce.

Arroz com cerveja
(6 PESSOAS)

2 xícaras de arroz
1 dente de alho
1 cebola
50g de cogumelos
50g de passas de uva
4 xícaras de cerveja clara
1 colher de manteiga
sal a gosto

Numa panela bem quente, com a manteiga, dê uma boa refogada no arroz, com o alho e a cebola bem picados. A seguir, adicione a cerveja e sal a gosto. Mexa para misturar bem e deixe cozinhar em fogo brando, com a tampa entreaberta. No final do cozimento, devem ser acrescentados os cogumelos, cortados em finas lâminas, e as passas de uva apenas o tempo suficiente para aquecerem e cozinharem levemente. Quando o arroz estiver pronto, deixe uns 10 minutos abafado na panela tampada, para ficar soltinho e crescer. Na hora de servir, você vai precisar de mais cerveja para o cozinheiro e seus convidados.

Arroz com lentilhas
(4 PESSOAS)

1 xícara de lentilhas
1 litro de água fria
3 cebolas graúdas
½ xícara de arroz branco
1 colher de chá de canela em pó

Uma receita muito comum entre os árabes, que se pode fazer aqui, com as devidas adaptações. Uma boa sugestão para o dia-a-dia. É fácil de preparar e une o sabor da lentilha com o do arroz. Pode até ser o prato único em uma refeição. E também vale para a ceia de ano-novo, cumprindo o ritual da passagem da meia-noite com lentilha no prato.

Cozinhe as lentilhas com água numa panela grande, em fogo baixo, por cerca de 25 minutos ou até que as lentilhas estejam macias. Enquanto isso, coloque 3 colheres de azeite de oliva em uma frigideira e frite as fatias de cebola mexendo regularmente para que fiquem bem douradas. Escorra as lentilhas, mas não jogue a água fora. Coloque as lentilhas de volta na panela, junte as cebolas refogadas, uma pitada de sal, outra de pimenta-do-reino, a canela em pó e o arroz. Misture bem. Acrescente 1 xícara e meia da água em que foi cozida a lentilha. Leve a panela novamente ao fogo e cozinhe até que o arroz esteja macio, cerca de 20 minutos. Coloque em uma travessa e sirva bem quente.

Arroz de queijo
(8 PESSOAS)

2 xícaras de arroz
3 xícaras de água
1 cebola média
1 xícara de caldo de galinha
2 colheres de requeijão
2 colheres de manteiga
200g de presunto em cubinhos
1 pitada de orégano
2 colheres de queijo parmesão ralado

Ponha a água para ferver. Usando a manteiga, refogue a cebola bem picada até que ela fique transparente. Junte o arroz e continue refogando por 5 minutos. Acrescente a água fervente e o caldo de galinha. Deixe cozinhar em fogo baixo até quase secar. Junte o requeijão, o parmesão ralado, o orégano e o presunto, misturando devagar. Acerte o sal e coloque o orégano. Desligue o fogo e coloque tudo num refratário e leve ao forno por 10 minutos.

Risoto cremoso
(4 PESSOAS)

1 colher de manteiga
2 xícaras de arroz arbóreo
2 dentes de alho
1 litro de leite fervente
1 xícara de queijo parmesão ralado
1 colher de manteiga
1 colher de cebolinha
1 lata de milho verde

Leve uma panela ao fogo, aqueça a manteiga e refogue bem o arroz. Acrescente o alho picado e o leite, regule o sal e mexa. Deixe em fogo baixo, com a panela tampada, mexendo de vez em quando, até o arroz ficar cozido e macio; misture bem o queijo, a manteiga, o milho e a cebolinha picada e sirva a seguir.

Risoto de peru
(6 PESSOAS)

500g de peito de peru
2 colheres de requeijão cremoso
200g de creme de leite
200g de cogumelos
1 cebola picada
1 tomate
100g de queijo parmesão ralado
4 porções de arroz pronto
1 taça de vinho branco

Mais uma boa receita para variar o tradicional prato da ceia de Natal: o peru assado no forno. Também pode ser uma sugestão para aproveitar as sobras do famoso peru assado no almoço do dia seguinte. Opções é que não faltam.

Primeiro corte o filé de peru ou as sobras do peru assado em cubos. Coloque três colheres de azeite de oliva numa panela e em seguida os cubos de peru. Deixe dourar um pouco e acrescente a cebola e o tomate picados. Depois coloque os cogumelos. Misture bem. Deixe cozinhar um pouquinho e acrescente o creme de leite, o requeijão e o queijo ralado. Misture bem novamente. Aos poucos, vá adicionando o arroz pronto e misturando bem. Para completar, colocar uma taça de vinho branco. Tampe a panela e deixe que todos os aromas se misturem bem. São mais ou menos 10 minutinhos. Está pronto!

Bacalhau com nata
(6 PESSOAS)

500g de bacalhau
500g de batatas
2 cebolas graúdas
2 colheres de farinha de trigo
½ litro de leite
1 caixinha de creme de leite
1 gema
1 colher de mostarda
2 colheres de suco de limão
50 g de queijo parmesão ralado
3 colheres de azeite de oliva
1 colher de manteiga

Esta receita veio na mala na nossa última viagem a Portugal. O famoso bacalhau às natas. O Almirante adora. Come uma panela sozinho. Aliás, estávamos nós jantando com o comendador do Forte de São Francisco, quando serviram este bacalhau. O Almirante co-

meu tanto, mas tanto, que foi preciso sair correndo em direção às águas quentes de Braga. Dizem que as águas têm o poder mágico de cura. E não é que funcionam? O gosto não é lá essas coisas, mas garantiram uma noite de sono gloriosa ao Almirante e a toda a equipe. Bom, aqui vai o bacalhau com nata.. mas sem exageros, hein?

Coloque o bacalhau de molho em água fria por 48 horas, trocando a água de 4 a 6 vezes para dessalgar. Então escorra-o, coloque um pouco de água em uma panela para ferver e então acrescente o bacalhau e cozinhe até que esteja macio. Escorra-o novamente, deixe esfriar e desfie-o grosseiramente, eliminando peles e espinhas. Em uma panela, coloque uma colher de manteiga e a farinha de trigo, leve ao fogo e misture bem até que estejam bem incorporadas. Acrescente, aos poucos, o leite e mexa bem por cerca de 15 minutos. Em uma tigela, misture a gema, a mostarda e o suco de limão. Acrescente ao molho na panela e mexa rapidamente. Tempere o molho com sal e pimenta-do-reino, acrescente o creme de leite e cozinhe tudo por mais 5 minutos, mexendo sempre. Descasque as batatas e corte-as em cubos. Coloque o azeite de oliva em uma frigideira grande e acrescente as batatas, cozinhando-as por 10 minutos, então acrescente as cebolas e deixe cozinhar até que as batatas estejam macias. Tempere com sal e pimenta-do-reino. Coloque a mistura de batatas e cebolas em um refratário, cubra com o bacalhau desfiado e regue com o molho branco. Salpique tudo com o parmesão e leve ao forno para gratinar, por cerca de 20 minutos, em forno médio.

Bacalhau no forno
(6 PESSOAS)

1kg de bacalhau
2 pimentões vermelhos
2 cebolas graúdas
4 batatas médias
1 xícara de azeite de oliva
2 folhas de louro
3 dentes de alho
3 colheres de vinho branco
½ colher de orégano
1 colher de farinha de trigo

Corte o bacalhau em pedaços, lave-os bem e coloque-os de molho em água fria na geladeira por 48 horas, trocando a água de 4 a 6 vezes para retirar bem o sal. Escorra a água, elimine a pele e o máximo de espinhas do bacalhau. Descasque as batatas e corte-as em rodelas. Coloque-as para ferver em água e junte as folhas de louro. Cozinhe por 5 minutos e depois escorra. Tempere os pedaços de bacalhau com um pouco de pimenta-do-reino e passe-os pela farinha de trigo. Aqueça metade do azeite em uma frigideira e doure os pedaços de bacalhau escorrendo-os em papel absorvente. Arrume no fundo de um refratário uma camada de fatias de batata e cubra com os pedaços de bacalhau, as cebolas e os pimentões em fatias. Salpique com um pouco de sal e pimenta-do-reino. Pique finamente os dentes de alho e misture ao azeite restante, acrescente o orégano e o vinho branco. Misture bem e regue tudo com este molho, leve ao forno preaquecido e asse por cerca de 1 hora. Sirva com arroz branco.

Camarão cremoso
(4 PESSOAS)

500g de camarões médios limpos
1 cebola
1 dente de alho
1 lata de tomates pelados
2 colheres de salsinha
200g de queijo catupiry
3 colheres de azeite de oliva
sal e pimenta-do-reino

Coloque o azeite de oliva em uma panela e leve ao fogo. Acrescente a cebola picada e refogue até que esteja bem macia. Adicione o alho picado e refogue por mais 2 ou 3 minutos. Tempere os camarões com sal e pimenta-do-reino. Coloque a lata de tomates. Cozinhe por cerca de 15 minutos em fogo baixo para que o molho engrosse levemente. Tempere com sal e pimenta-do-reino, acrescente os camarões e aumente o fogo. Cozinhe por 3 minutos. Retire do fogo e acrescente metade do queijo catupiry. Misture bem para que o requeijão derreta, acrescente a salsinha e misture novamente. Coloque a preparação em um refratário. Arrume pedaços do catupiry restante sobre os camarões e leve ao forno para aquecer bem. Sirva com arroz branco.

Camarão na cerveja
(6 PESSOAS)

1kg de camarões limpos e descascados
1 litro de cerveja
8 dentes de alho
3 folhas de louro
1 colher de molho de pimenta vermelha
suco de 2 limões

Coloque-os de molho no suco de limão com uma pitada de sal. Em uma panela, coloque a cerveja para ferver. Acrescente os dentes de alho bem picados, as folhas de louro e o molho de pimenta. Quando estiver fervendo, acrescente os camarões e cozinhe-os por 6 minutos. Escorra-os e sirva-os acompanhados com o molho de cerveja.

Camarão no alho e óleo
(4 pessoas)

24 camarões graúdos
8 dentes de alho
½ xícara de azeite de oliva
2 colheres de suco de limão
2 colheres de salsinha picada
1 xícara de farinha de trigo
sal e pimenta-do-reino

Lave e limpe os camarões. Tempere-os com sal e pimenta-do-reino. Coloque a xícara de farinha de trigo em um saco plástico e acrescente um pouco de sal. Adicione os camarões e agite o saco plástico para envolvê-los na farinha. Retire-os do saco e elimine o excesso de farinha. Numa panela com metade do azeite, vá colocando camarões para dourarem por 3 minutos de cada lado. Repita a operação até que todos estejam dourados. Coloque-os, então, juntos na frigideira e acrescente o restante do azeite. Adicione o alho picado e doure rapidamente. Apague o fogo e acrescente o suco de limão e a salsinha picada. Acerte o sal e coloque uma pitada de pimenta-do-reino. Sirva com arroz. Ou então com molho de mostarda e maionese.

Camarão xadrez
(4 PESSOAS)

500g de camarões médios
1 pimentão verde pequeno
1 pimentão vermelho pequeno
1 cebola graúda
1 xícara de caldo de legumes
1 colher de maisena
2 colheres de molho de soja
3 colheres de amendoim torrado
3 colheres de azeite de oliva

Corte a cebola e os pimentões em cubos. Aqueça uma panela ou uma frigideira grande, coloque o azeite de oliva e espere esquentar bem. Acrescente os cubos de pimentão e refogue por 1 minuto; junte a cebola, refogue por mais 2 minutos. Em uma tigela, misture a maisena com o molho de soja e adicione à frigideira, acrescente o caldo de legumes e misture bem. Assim que ferver o molho, junte os camarões. Cozinhe até o molho engrossar, cerca de 3 minutos ou até que os camarões estejam cozidos. Coloque o amendoim e sirva imediatamente.

Cataplana de frutos do mar
(4 PESSOAS)

200g de peixe em postas
4 camarões graúdos
200g de lulas limpas
2 lagostins
12 mariscos sem casca
2 colheres de azeite de oliva
2 dentes de alho
2 colheres de cebola picada
1 colher de salsinha picada
¼ de xícara de vinho branco seco
1 xícara de caldo de peixe
1 tomate sem pele e sem sementes
sal e pimenta-do-reino

Este é um clássico português, feito em panela especial, a cataplana: é uma panela que se parece com uma omeleteira grande, com duas partes fundas que se fecham, com uma dobradiça. Mas, se você não estiver em Portugal e se não tiver uma cataplana (panela com tampa em forma de esfera), sem problemas: use uma panela funda, com tampa, que a receita também fica ótima.

Limpe os camarões. Corte as lulas em anéis e pique finamente o tomate. Tempere todos os frutos do mar com um pouco de sal e pimenta-do-reino. Em uma cataplana ou panela funda com tampa, coloque o azeite de oliva, aqueça e acrescente o alho e cebola. Refogue por 3 minutos e acrescente o tomate bem picado. Refogue em fogo baixo para que os líquidos do tomate se evaporem. Acrescente as postas de peixe e os lagostins. Regue com o vinho branco e cozinhe por 5 minutos. Acrescente o caldo, os camarões, as lulas e os mariscos. Tampe a panela e cozinhe por 8 minutos. Acerte o ponto de sal e pimenta-do-reino e salpique com a salsinha restante. Sirva com pão ou arroz branco.

Estrogonofe de camarão
(6 PESSOAS)

1kg de camarões médios com casca
1 cebola graúda
2 colheres de farinha de trigo
300g de cogumelos
100g de manteiga
½ xícara de molho de tomate
1 xícara de creme de leite fresco
2 colheres de conhaque

Limpe os camarões e reserva as cascas e cabeças. Coloque-as para ferver com 2 xícaras de água, por 15 minutos, e reserve. Tempere os camarões com sal e pimenta-do-reino. Coloque em uma panela grande a manteiga e leve ao fogo. Adicione a cebola picada finamente e refogue em fogo baixo para que fique bem macia. Aumente o fogo e acrescente os cogumelos fatiados. Refogue para que fiquem macios e adicione os camarões. Refogue por mais 1 minuto e regue com o conhaque. Deixe o conhaque evaporar, salpique tudo com a farinha, misturando bem, e regue com 1 xícara do caldo de camarões. Assim que levantar fervura, acrescente o molho de tomates e misture novamente. Quando abrir a fervura novamente, desligue o fogo e adicione o creme de leite. Sirva com arroz branco e batatas *sauté*.

Filé de atum agridoce
(2 PESSOAS)

2 filés de atum frescos
3 colheres de massa de tomate
1 colher de *catchup*
1 colher de molho de soja
½ colher de farinha de trigo
1 cebola
1 limão
6 colheres de azeite de oliva

Tempere os filés com sal e um pouco do suco do limão. Deixe-os no tempero. Numa frigideira, coloque 3 colheres de azeite de oliva e, em seguida, a cebola ralada. Acrescente a farinha de trigo, a massa de tomate, o *catchup*, o molho de soja e o restante do suco de limão. Coloque uma pitada de sal e outra de açúcar. Misture bem e deixe ferver. Enquanto isso, em outra panela, coloque 3 colheres de azeite de oliva e os filés para dourar dos dois lados, sem cozinhar demais, pois o atum deve ficar malpassado. Coloque os filés num refratário e cubra-os com o molho. Sirva em seguida com uma boa salada verde.

Guisado de camarão
(6 PESSOAS)

500g de camarões médios
500g de lulas
2 cebolas graúdas
2 colheres de manteiga
2 colheres de vinho branco
1 colher de mostarda
10 tomates sem peles e sementes
3 gemas
salsinha picada

Limpe bem os camarões e as lulas. Corte as lulas em anéis e reserve. Fatie finamente as cebolas. Coloque a manteiga em uma caçarola e, quando começar a borbulhar, acrescente as cebolas fatiadas. Misture bem. Tampe a panela e cozinhe em fogo baixo por cerca de 15 minutos. Pique finamente os tomates e acrescente-os ao refogado de cebolas. Misture bem e cozinhe em fogo baixo, sem tampar a panela, por 20 minutos. Passe este molho por uma peneira grossa ou por um passa-verdura. Caso não possua esses utensílios, coloque em um processador e pulse. Coloque o molho novamente na panela. Tempere as lulas e os camarões com sal e pimenta-do-reino e acrescente ao molho primeiro os camarões e, 2 minutos depois, as lulas. Cozinhe por 5 minutos. Em um recipiente à parte, misture a mostarda, o vinho branco e as gemas. Acrescente ao molho e misture sem parar, para incorporar bem. Cozinhe por mais 2 minutos e tempere com sal e pimenta-do-reino. Salpique com a salsinha e sirva com arroz branco e batatas cozidas.

Peixe com bechamel e banana
(4 PESSOAS)

1kg de filés de peixe
4 bananas-prata maduras
1 xícara de farinha de trigo
2 xícaras de molho branco
150g de queijo parmesão ralado

Para o molho bechamel:
2 colheres de farinha de trigo
50g de manteiga
½ litro de leite

Bata no liquidificador os ingredientes indicados para o molho branco e, a seguir, leve ao fogo numa panela até engrossar, mexendo sempre. Tempere os filés de peixe com sal e pimenta-do-reino, passe-os na farinha de trigo e doure-os numa frigideira com pouco óleo. Reserve. Descasque as bananas, corte-as ao meio no sentido do comprimento, passe-as na farinha de trigo e frite-as numa frigideira com pouco óleo. A seguir, arrume os filés de peixe e as bananas num refratário, cobrindo com o molho bechamel e o queijo ralado. Leve ao forno por 40 minutos.

Peixe com molho de atum
(4 PESSOAS)

600g de filés de peixe
1 lata de creme de leite
1 cebola
1 tomate
1 copo de caldo de legumes
3 colheres de massa de tomate
2 limões
1 lata de atum ralado

Deixe os filés de peixe de molho no suco de limão com um pouco de sal e pimenta. Leve ao fogo uma panela com um pouco de azeite de oliva e nela refogue a cebola e o tomate picados bem miudinhos, acrescentando o caldo de legumes, o atum e a massa de tomate. Deixe cozinhar um pouco. Adicione o creme de leite, misturando bem. Numa frigideira com pouco óleo, doure os filés de peixe previamente passados em farinha de trigo. Quando estiverem cozidos e dourados, derrame o molho por cima e sirva.

Peixe com palmito
(4 PESSOAS)

600g de filés de peixe
farinha de trigo para empanar
2 ovos
2 colheres de leite

Para o molho de palmito:
1 cebola
2 dentes de alho
500g de palmito em conserva
2 xícaras de leite
1 colher de farinha de trigo

Primeiro faça o molho. Bata no liquidificador a cebola, o alho, os palmitos (com a água do vidro ou lata), o leite e a farinha de trigo. Em seguida, leve essa mistura ao fogo, numa panela, mexendo bem até engrossar. Tempere os filés de peixe com limão, sal e pimenta-do-reino. Passe-os na farinha de trigo e depois nos ovos batidos com o leite. Frite-os em óleo quente. Arrume-os numa travessa e derrame por cima o molho de palmito bem quente. Opcionalmente, polvilhe com salsa ou cebolinha verde.

Peixe do Bistrô do Forte
(1 PESSOA)

2 fatias de queijo
150g de filé de peixe
2 colheres de farinha
50g de manteiga
½ litro de leite

Bata no liquidificador o leite, a farinha de trigo e a manteiga. Leve ao fogo numa panela até engrossar, mexendo sempre. Reserve. Tempere o filé com sal e limão. Passe-o em um pouco de farinha e frite-o dos dois lados. Numa vasilha que possa ir ao forno, coloque o peixe, cubra-o com o molho branco, que estava reservado, e finalize com o queijo fatiado. Leve ao forno até derreter o queijo.

Salmão com creme de espinafre
(6 PESSOAS)

1kg de filés de salmão
2 colheres de manteiga
sal e pimenta-do-reino a gosto

Para o creme de espinafre:
2 copos de leite
sal
1 molho de espinafre
1 colher de farinha de trigo

Tempere os filés com sal e pimenta-do-reino. Numa frigideira, aqueça a manteiga e frite os filés em fogo brando, dourando dos dois lados. Enquanto isso, bata no liquidificador o leite, o molho de espinafre em pedaços e a farinha de trigo. Depois leve para uma panela, até engrossar. Coloque os filés numa travessa e sirva com o creme de espinafre à parte. Se preferir, disponha os filés numa fôrma refratária, cubra com o creme de espinafre, polvilhe com queijo ralado ou farinha de rosca e leve ao forno para gratinar.

Salmão com vegetais
(4 PESSOAS)

600g de filés de salmão
1 abobrinha
1 cenoura cozida
4 colheres de azeite de oliva
2 colheres de vinho branco seco
ervas aromáticas a gosto
sal e pimenta-do-reino

Fatie a abobrinha. Corte a cenoura cozida em rodelas. Arrume tudo em um refratário e regue com o azeite de oliva, salpique com sal, pimenta-do-reino e ervas. Tempere o salmão com sal e pimenta e coloque-os sobre os legumes. Regue com o vinho branco. Asse em forno quente por 25 minutos. Sirva.

Sardinha em vinagre

sardinhas frescas
farinha de trigo
sal
azeite
folhas de louro
alho
vinagre

Receita recolhida num vilarejo da fronteira de Portugal com a Espanha, perto de Miranda do Douro. Dicas da dona Maria, viúva do Manolo, que tem uma bodega que todos conhecem.

Primeiro tempere as sardinhas e passe-as na farinha de trigo. Depois frite-as em óleo bem quente e coloque-as em um prato. No óleo onde foram fritas as sardinhas, coloque pedacinhos de alho, folhas de louro e um pouco de vinagre. Deixe cozinhar por 2 minutos e coloque este molho por cima das sardinhas.

Creme de abóbora
(6 pessoas)

1kg de abóbora-moranga descascada e picada
1 tablete de caldo de carne
4 xícaras de leite desnatado
1 cebola média picada
1 xícara de hortelã picada
sal e pimenta a gosto

Coloque em uma panela a abóbora, o tablete de caldo de carne esfarelado, o leite e a cebola. Leve para cozinhar e, assim que ferver, reduza o fogo e cozinhe por 20 minutos, ou até a abóbora ficar macia, mexendo de vez em quando. Acerte o sal e acrescente a pimenta. Misture tudo e retire do fogo. Transfira a metade da sopa para o liquidificador e junte a hortelã. Bata por 1 minuto e despeje na panela com a sopa restante. Misture novamente e distribua nos pratos.

Creme de parmesão
(4 pessoas)

1 litro de caldo de galinha
250g de miolo de pão

3 gemas
150g de queijo parmesão ralado
1 dente de alho
fatias de pão dormido
2 colheres de azeite de oliva

O que você precisa ter para esta receita é o eletrodoméstico que eu levaria para uma ilha deserta. O liquidificador. Sem ele, não tem jogo. Mas com ele é uma barbada.

Aqueça o azeite de oliva em uma frigideira. Acrescente o dente de alho amassado. Assim que o alho dourar, apague o fogo. Passe as fatias de pão dentro desse azeite com alho, depois arrume-as numa fôrma e leve ao forno para torrar. Essas torradas serão servidas com a sopa. Vamos a ela. Coloque o miolo de pão, o parmesão e uma xícara do caldo de galinha no liquidificador. Bata bem. Reserve outra xícara do caldo e coloque o restante para ferver em uma panela. Logo que levantar fervura, acrescente a mistura batida no liquidificador. Mexa sem parar até que comece a engrossar. Misture as gemas ao caldo reservado e acrescente à sopa fora do fogo, misture bem e tempere com sal e pimenta-do-reino. Deixe esfriar um pouco e coloque a sopa no liquidificador, batendo bem. Volte com a sopa à panela e mantenha em fogo muito baixo, não deve ferver novamente. Coloque-a em pratos fundos, regando com um fio de azeite de oliva e servindo com as torradas à parte.

Molho fácil de tomate
(SERVE 500G DE MACARRÃO COZIDO)

3 tomates
3 colheres de massa de tomate
1 tablete de caldo de carne
1 colher de farinha de trigo
2 copos de água
azeite de oliva

Em qualquer época do ano, o encanto de uma boa massa, com molho de tomate. Se você vai usar a massa pronta, pelo menos prepare o molho de tomate! Existem milhares de marcas de molhos de tomate prontos. Tudo bem. Pode usar, sem problemas. Mas que um molho de tomate feito na hora tem o seu valor, ah, isso ele tem. E não é complicado.

Bata todos os ingredientes no liquidificador. Depois leve para uma panela com um pouco de azeite de oliva e deixe ferver por 20 minutos. Você pode servir com um macarrão e muito queijo ralado ou então colocar sobre rodelas de pão e levar ao forno com queijo por cima para gratinar.

Sopa de couve-flor
(4 PESSOAS)

½ litro de leite
4 colheres de manteiga
4 colheres de farinha de trigo
1 cebola média
1 litro de caldo de galinha
1 couve-flor média
1 caixinha de creme de leite
sal e pimenta-do-reino

Lave bem a couve-flor e separe as florzinhas dos talos mais fibrosos. Cozinhe-as em água levemente salgada até que estejam macias. Reserve. Coloque a manteiga em uma panela e refogue a cebola picada até que fique macia. Acrescente metade da couve-flor cozida bem picada. Junte a farinha de trigo e misture bem. Coloque o leite e misture novamente. Ferva por 5 minutos e acrescente o caldo. Ferva novamente e retire do fogo. Deixe esfriar um pouco e bata no liquidificador para obter uma sopa cremosa. Leve novamente a panela ao fogo e acrescente o restante da couve-flor. Acerte o ponto de sal e pimenta-do-reino e adicione o creme de leite. Sirva acompanhado de torradas.

Apfelstrüdel
(Torta de maçã alemã)

1kg de farinha de trigo
½ litro de leite
1 colher de açúcar
6 ovos
1 pitada de sal
2 colheres de nata
30g de fermento de bolo
4 maçãs
3 colheres de açúcar misturadas com 1 de canela
½ xícara de passas de uva

Esta é uma das receitas mais tradicionais da culinária alemã. Uma massa enrolada com maçãs e passas e perfumada com canela. E para ficar ainda melhor, sirva com uma boa porção de nata.

Coloque a farinha de trigo num recipiente grande. Acrescente o leite e o açúcar e misture bem. Abra os ovos, um de cada vez, e misture-os. Agregue o sal, a nata e o fermento, mexendo em seguida, até que a massa fique bem homogênea. Retire-a do recipiente e, com as mãos, sove-a bem, deixando-a descansar um pouco. Enquanto isso, descasque e corte em fatias finas as maçãs. Depois, abra a massa, procurando deixá-la com a forma de um retângulo. Na parte central, disponha as maçãs cortadas, o açúcar misturado com a canela e as passas. Enrole a massa como um rocambole. Ajeite-a numa fôrma untada e enfarinhada, pincele uma gema por toda a parte superior da massa e leve-a ao forno por 40 minutos. Nos primeiros 30 minutos, cubra a fôrma com papel-alumínio. Nos 10 minutos finais, retire o papel-alumínio, para dourar.

Bolachinhas de milho

2 xícaras e ½ de maisena
1 xícara de açúcar
2 xícaras e ½ de farinha de milho
2 ovos
1 colher de açúcar de baunilha
1 pitada de sal
1 xícara de margarina derretida
1 xícara de coco ralado
1 colher de fermento químico em pó

É muito simples. Misture todos os ingredientes num recipiente amplo. Depois, com as mãos, sove a massa até que ela fique bem homogênea. Faça as bolachinhas com a massa e coloque-as numa fôrma untada e enfarinhada. Leve ao forno preaquecido por 20 minutos. Estão prontas.

Bolachinhas de gergelim

100g de farinha de trigo integral
50g de sementes de gergelim
50g de açúcar mascavo
1 colher de mel
1 colher de óleo
50g de passas de uva
água

Misture a farinha de trigo integral com o gergelim, o açúcar mascavo, o mel e o óleo. Misture bem com as mãos. Vá acrescentando um pouquinho de água. Bem pouco e lentamente. Misture até ter uma massa homogênea que grude nas mãos e esteja firme o suficiente para fazer as bolachinhas. Dê o formato com as mãos. Coloque numa fôrma untada e enfarinhada e decore com as passas. Leve ao forno até que as bolachinhas estejam douradas.

Bolinhas douradas

250g de queijo ralado grosso
250g de queijo ralado fino
2 claras
2 gemas
2 colheres de farinha de trigo
1 xícara de farinha de rosca

Uma versão mais simples dos bolinhos de chuva. Mais simples porque não é preciso fazer a massa. O resultado são bolinhas de queijo deliciosas. É uma boa sugestão para acompanhar o café da tarde ou o lanche das crianças. Uma receita perfeita para aqueles dias mais cinzas, chuvosos, quando cai bem uma generosa xícara de café preto ou chocolate quente e um prato, fundo, de bolinhas douradas.

Misture em uma tigela os queijos e a farinha de trigo. Coloque uma pitada de sal. Misture bem. Na batedeira, bata as claras em neve. Quando estiverem bem firmes, adicione os queijos e misture. Mexa delicadamente. Passe um pouco de margarina nas mãos e faça bolinhas com a massa. Passe as bolinhas na gema levemente batida, depois na farinha de rosca e, por fim, coloque-as numa frigideira com óleo bem quente. Frite-as até que fiquem bem douradas. Escorra em papel absorvente e sirva quente.

Bolo branco

1 xícara de farinha de trigo
6 ovos
¾ de xícara de açúcar
60g de manteiga derretida
1 colher de chá de essência de baunilha ou raspas de limão

Unte e enfarinhe o fundo e laterais de uma assadeira de bolo redonda com aproximadamente 25cm de diâmetro. Se preferir, pode utilizar assadeira retangular. Misture em uma tigela a farinha e uma pitada de sal. Coloque na batedeira os ovos e açúcar, bata até obter uma massa com o triplo do volume inicial. Se desejar, aromatize com essência de baunilha ou raspas da casca de limão. Desligue a batedeira e acrescente um pouco da farinha de trigo, misturando delicadamente com uma colher de pau. Junte a farinha restante e misture delicadamente; coloque a manteiga derretida, misturando lentamente. Coloque a massa na assadeira e asse o bolo por cerca de 25 minutos em forno preaquecido. Retire do forno e deixe esfriar. Desenforme ainda morno. Se você quiser, dá para deixar o bolo ainda mais branco, cobrindo-o com uma generosa camada de branquinho feito na hora.

Bolo de aveia

1 colher de chá de canela em pó
2 colheres de chá de fermento em pó
¼ de xícara de leite
2 ovos
1 xícara de açúcar mascavo peneirado
1 xícara de aveia em flocos
1 xícara de farinha de trigo
½ xícara de manteiga

Primeiro, derreta a manteiga. Na batedeira, bata bem a manteiga derretida, os ovos, o leite, o açúcar mascavo, a canela, a aveia, a farinha de trigo e, por último, o fermento. Coloque numa fôrma untada e enfarinhada. Leve ao forno médio por 40 minutos. Desenforme morno.

Bolo de brigadeiro

Para a cobertura:
1 lata de leite condensado
¼ de xícara de chocolate em pó
chocolate granulado

Para a massa:
1 xícara de chocolate em pó
2 xícaras de açúcar
2 xícaras de água fervente
1 xícara de óleo
2 ovos
3 xícaras de farinha de trigo
1 colher de chá de fermento em pó
1 pitada de sal

Ligue o forno e deixe-o em fogo médio. Bata na batedeira as gemas com o açúcar. Peneire a farinha de trigo com uma xícara de chocolate em pó, sal e fermento. Acrescente à batedeira o óleo e a água, alternando com a mistura de farinha. Unte e enfarinhe uma assadeira de bolo inglês. Coloque a massa e leve ao forno por cerca de 35 minutos. Desenforme e deixe esfriar. Em uma panela, misture o leite condensado com o chocolate indicado para a cobertura. Leve ao fogo e cozinhe até dar ponto de negrinho, ou brigadeiro. Cubra os bolos e salpique com o chocolate granulado.

Bolo de goiabada

2 ovos
1 colher de fermento
250g de farinha de trigo
½ xícara de coco ralado
½ xícara de queijo ralado
150g de manteiga
1 xícara de açúcar
½ copo de leite
½ xícara de leite condensado
150g de goiabada

Bata por 10 minutos na batedeira a manteiga e o açúcar. Coloque os ovos. Bata novamente. Com a batedeira funcionando, adicione a farinha. Em seguida, junte o leite. Coloque o fermento e desligue a batedeira em seguida. Derrame a massa numa fôrma redonda untada e enfarinhada. Cubra-a com a goiabada em pedaços. Por cima, o leite condensado. Depois o queijo ralado, e finalize com o coco. Leve ao forno médio por 25 minutos, coberto com papel-alumínio. Retire o papel e deixe mais 25 minutos. São 50 minutos ao todo. Desenforme e sirva.

Bolo de laranja com casca

Para a massa:
1 xícara de óleo
1 laranja
4 ovos
2 xícaras de farinha de trigo
1 xícara e ½ de açúcar branco
½ xícara de açúcar mascavo
1 colher de fermento em pó para bolo

Para a calda:
4 colheres de açúcar de confeiteiro
½ copo de suco de laranja

Depois do sucesso do bolo de laranja da dra. Linda, esta receita surpreende porque traz de volta o verdadeiro sabor da laranja.

Corte a laranja em pedaços, retirando a parte branca interior, e bata no liquidificador com o óleo e os ovos. Reserve. Passe a farinha, o açúcar branco, o açúcar mascavo e o fermento por uma peneira e misture bem.

Junte a essa massa a mistura batida no liquidificador e mexa bem. Coloque tudo numa fôrma untada e enfarinhada, de preferência aquelas com um cone no meio. Leve ao forno médio por, em média, 40 minutos. Desenforme ainda morno. Misture o açúcar de confeiteiro com o suco de laranja e derrame sobre o bolo. Enfeite com pedacinhos de laranja e está pronto!

Bolo de mel com café

Para a massa:
3 claras
1 xícara de mel
5 xícaras de farinha de trigo
1 colher de chá de noz-moscada
1 colher de chá de bicarbonato
3 gemas
½ xícara de açúcar mascavo
1 colher de chá de canela
5 colheres de óleo
1 copo de café passado forte e morno
1 colher de chá de fermento em pó

Para fazer a cobertura:
3 colheres de chocolate em pó
2 colheres de café solúvel em pó
6 colheres de açúcar de confeiteiro
1 colher de manteiga

Batas as claras em neve. Reserve. Num outro recipiente, volte para a batedeira com o mel, as gemas, o açúcar mascavo e o óleo. Acrescente a noz-moscada e a canela. Bata bem. Misture o bicarbonato com o café passado e coloque, aos poucos, na batedeira. Misture o fermento à farinha já peneirada. Vá acrescentando a farinha na batedeira, com ela desligada. Bata um pouco e acrescente o restante da farinha com o fermento. Bata mais um pouco. Desligue a batedeira e misture bem a massa com as claras. Coloque a mistura numa fôrma untada e enfarinhada e leve ao forno por 45 minutos. Enquanto isso, misture todos os ingredientes indicados para a cobertura numa panela e leve ao fogo até engrossar. Coloque sobre o bolo ainda quente.

Bolo de uva

2 ovos
100g de manteiga sem sal
1 copo e ½ de farinha de trigo
1 copo de açúcar
1 colher de fermento para bolo
3 cachos de uva preta
5 colheres de açúcar cristal

Primeiro derreta a manteiga numa panela. Deixe esfriar. Em outra panela, misture as uvas sem sementes com 3 colheres do açúcar cristal. Deixe ficar um creme. Numa tigela, bata os ovos, acrescente a manteiga derretida já morna, a farinha de trigo, o copo de açúcar e o fermento. Misture bem até que a massa fique bem homogênea. Depois unte uma fôrma e polvilhe com farinha. Coloque uma camada da massa. Cubra-a com o creme de uvas. Coloque mais massa por cima e polvilhe o restante do açúcar cristal. Leve ao forno preaquecido por, em média, 40 minutos. Sirva com nata!

Bolo molhado

200g de manteiga sem sal
½ xícara de açúcar
250g de chocolate meio amargo em barra
200g de chocolate ao leite em barra
½ xícara de água fervente
1 xícara e ¼ de farinha de trigo
1 colher de chá de fermento em pó
3 ovos

Bolo molhado? Hum... o nome já é tentador. Já dá para imaginar uma massa bem molhadinha. E é isso mesmo. O nome diz tudo. Você pode ainda enfeitá-lo, depois de desenformar, com chocolate em pó e cerejas.

Coloque em um recipiente 150g do chocolate ao leite e 150g do chocolate meio amargo. Acrescente a manteiga e o açúcar. Leve ao fogo em banho-maria, misturando até que os ingredientes estejam derretidos. Retire do fogo e acrescente a água fervente, misturando novamente. Deixe amornar. Em outra tigela, misture a farinha de trigo e o fermento, acrescente os ovos levemente batidos e a mistura de chocolate morna; não misture em excesso, deve ficar meio empelotada. Despeje a massa em uma assadeira retangular untada e enfarinhada. Pique o chocolate restante e salpique sobre a massa. Leve para assar em forno médio por cerca de 40 minutos. Deixe esfriar completamente para desenformar.

Bolo de sorvete

¼ de xícara de manteiga
1 colher de chá de essência de baunilha
1 xícara e ½ de açúcar
3 ovos
3 xícaras de farinha de trigo
4 colheres de chá de fermento em pó
1 copo de café passado
1 xícara de leite
1 litro de sorvete de creme
chantilly

Bolo de sorvete? Será que isso é possível? Claro, olha só que receita. A gente faz o sacrifício de duas delícias numa só.

Primeiro, bata todos os ingredientes na batedeira e coloque-os em uma assadeira. Leve ao forno por 50 minutos. Quando esfriar, desenforme e corte o miolo do bolo. Aqui está o segredo. Coloque 1 litro de sorvete de creme dentro do bolo e feche-o novamente. Decore com *chantilly* e leve para a geladeira. Está pronto!

Brioches

1kg de farinha de trigo
14 ovos
20g de sal
100g de açúcar
20g de fermento para pão
600g de manteiga
leite para dar liga

Receita da dra. Márcia, grande padeira que ajuda o Anonymus. O resultado são pães macios, leves, deliciosos. E se o nome é um pouco estranho, não se preocupe. A receita é bem fácil. Você só vai precisar um pouco mais de tempo para prepará-la. Olha só.

Misture a farinha com o açúcar, o leite, o sal, os ovos e o fermento, previamente dissolvido em leite. A mistura deve ficar mole. Deixe descansar por 1 hora na geladeira. Enquanto isso, unte e enfarinhe 3 fôrmas de pão. Quando os brioches já estiverem crescidos, coloque-os nas fôrmas e deixe descansar por mais 2 horas fora da geladeira, em temperatura ambiente. Depois, pincele uma gema de ovo por cima de cada um deles e leve ao forno preaquecido por 40 minutos. Aí é só desenformar e estão prontos!

Broa

1kg de polvilho doce
500g de açúcar
250g de margarina
4 ovos
100g de coco ralado
1 colher de chá de fermento em pó

Coloque a margarina numa panela e leve ao fogo para derreter. Enquanto isso, peneire o polvilho, o açúcar e o fermento. Quando a margarina estiver derretida, desligue o fogo e coloque-a junto com os ingredientes secos peneirados. Acrescente os ovos um a um e depois o coco ralado. Misture bem novamente com uma colher. Com as mãos, dê mais uma boa misturada na massa e faça bolinhas, as broas. Coloque-as em uma fôrma untada com azeite e enfarinhada e leve ao forno preaquecido por, em média, 20 minutos.

Cuca de banana

Para a massa:
1 xícara de manteiga
1 xícara e ½ de açúcar
5 ovos
250g de aveia em flocos finos
1 colher de fermento químico
1 colher de canela
6 bananas

Para a farofa:
3 colheres de açúcar
2 colheres de margarina
2 colheres de leite em pó
4 colheres de aveia em flocos finos

Primeiro faça a massa. Bata as 5 claras em neve. Retire-as e reserve-as. Na batedeira, bata a manteiga, o açúcar e as 5 gemas. Quando estiver um creme, misture a aveia, o fermento e a canela. Bata mais. Quando a massa estiver bem misturada, desligue a batedeira. Misture as claras em neve, aos poucos. Coloque a massa numa fôrma untada e enfarinhada. Cubra com rodelas de banana bem finas. Por cima, coloque a farofa. Para fazer a farofa, é só misturar todos os ingredientes. Leve a cuca para o forno médio por, em média, 1 hora. Está pronta!

Falsa cuca de maçã

6 maçãs (de preferência do tipo fuji)
100g de passas de uva
1 copo de leite
2 xícaras de açúcar
350g de farinha de trigo
½ xícara de maisena
1 colher de chá de fermento químico para bolo
1 ovo
100g de margarina

Primeiro, coloque as passas de molho no leite. Reserve. Lave bem as maçãs. Retire a parte do meio de cada uma delas e corte cada maçã em quatro pedaços. Depois, arrume estes pedaços em um refratário de tamanho médio. Forre o fundo dele com as maçãs. Cubra as maçãs com 1 xícara de açúcar. Coloque as passas e também o leite por cima dos pedaços de maçã. Em um outro recipiente, faça a farofa de cuca misturando a farinha de trigo, o ovo, a manteiga, a maisena, o fermento e a outra xícara de açúcar. Misture bem com um garfo. Depois de bem misturada, cubra as maçãs com esta farofa. Tape o refratário com papel-alumínio e leve ao forno por 1 hora. Depois, retire o papel-alumínio e deixe dourar a parte de cima. Está pronta!

Pão de ameixa

2 xícaras de farinha de trigo
1 xícara de açúcar
1 colher de chá de fermento para bolo
1 colher de chá de bicarbonato
1 colher de manteiga
1 ovo
200g de ameixas
1 xícara de água fervente
1 pitada de sal

Primeiro, misture as ameixas, picadas e sem caroços, com o açúcar. À parte, numa vasilha grande, misture os outros ingredientes. Acrescente as ameixas e misture bem. Coloque numa fôrma para pão, untada e enfarinhada, e leve ao forno por 40 minutos.

Pão caseiro

3 ovos
2 copos de leite morno
1kg de farinha de trigo
1 xícara de açúcar
½ xícara de azeite
1 pitada de sal
1 envelope de fermento biológico seco
erva-doce

Comece peneirando os ingredientes secos. Coloque a farinha, mas não toda. Guarde um pouco para sovar a massa. Depois, o açúcar, o sal e o fermento. Misture bem e coloque um pouco de erva-doce. Acrescente os ingredientes molhados: os ovos, o azeite e o leite morno. Misture bem. Abra a massa sobre uma mesa e comece a sovar. Quando estiver bem sovada, deixe-a descansar e crescer num ambiente seco por 1 hora. Depois, sove-a novamente e coloque-a em 3 fôrmas pequenas ou em uma grande. Deixe crescer por mais 1 hora. Então leve ao forno preaquecido por aproximadamente 40 minutos. Está pronto!

Pão caseiro de chocolate

2 ovos
1 xícara e ¼ de água morna
30g de fermento biológico fresco
½ xícara de óleo
½ lata de creme de leite
500g de farinha de trigo
½ xícara de chocolate em pó
½ xícara de açúcar
1 colher de chá de sal

Bata no liquidificador os ovos, a água, o óleo e o creme de leite. Misture a massa batida no liquidificador à farinha, ao fermento, ao chocolate e ao açúcar. Coloque a massa em duas fôrmas untadas e enfarinhadas. Leve ao forno por 40 minutos.

Pão de cenoura light

1 cebola pequena ralada
1 xícara e ½ de farinha de trigo
2 cenouras médias
2 dentes de alho amassados
1 xícara de água morna
1 tablete de fermento biológico
1 colher de adoçante em pó
1 colher de margarina *light*

Corte as cenouras e passe-a pelo liquidificador junto com água; reserve. Misture o fermento com o adoçante até formar uma pasta, adicione a cenoura reservada e misture bem. Aqueça a margarina e doure a cebola e o alho. Quando estiverem ligeiramente dourados, adicione à mistura de cenoura, misture bem e junte aos poucos a farinha, mexendo até que esteja bem incorporada. Despeje numa fôrma para pão retangular média e deixe crescer por 1 hora. Asse em forno médio preaquecido por 25 minutos.

Pão de centeio

300g de farinha de trigo
200g de farinha de centeio
50g de açúcar mascavo
50g de margarina
1 colher de chá de sal
250ml de água
3 tabletes de fermento fresco

Primeiro passe a farinha de trigo numa peneira. Acrescente a farinha de centeio, o açúcar mascavo, a margarina, o sal, o fermento e a água, esta última, aos poucos. Misture bem com uma colher. Depois, com as mãos, sove a massa até que ela fique bem uniforme. Unte e enfarinhe duas fôrmas para pão médias e divida a massa. Coloque metade em cada fôrma. Cubra-as com um pano de prato e deixe a massa crescer por meia hora. Depois, passe a gema de um ovo por cima delas com a ajuda de um pincel e leve-as ao forno preaquecido por 40 minutos. Estão prontos os pães. Deixe esfriar um pouco e desenforme-os.

Pão de cerveja

1 latinha de cerveja
400g de farinha de trigo
1 colher de chá de fermento biológico seco

1 colher de chá de sal
1 colher de chá de mel
3 ovos

Misture a farinha, peneirada, o sal, o mel e os ovos. Adicione o fermento e a cerveja. Mexa bem. Coloque numa fôrma untada e enfarinhada. Leve ao forno médio por 45 minutos. Desenforme.

Pão de liquidificador

2 ovos
2 tabletes de fermento fresco
2 colheres de açúcar
1 colher de sal
1 xícara de azeite
2 xícaras e ½ de água
800g de farinha de trigo

Essa é para contrariar aqueles que acham difícil fazer pão em casa.

Bata no liquidificador os ovos, os tabletes de fermento fresco, o açúcar, o sal, o azeite e a água. Depois coloque a farinha de trigo numa vasilha grande e acrescente, aos poucos, a mistura batida no liquidificador. Misture bem. Unte e enfarinhe uma fôrma grande ou duas pequenas e coloque a massa.

Deixe crescer por 30 minutos. Depois pincele uma gema de ovo sobre a massa e leve ao forno preaquecido por 40 minutos ou até que o pão fique bem dourado e a massa, assada. Faça o teste do palitinho.

Pão de milho

1 xícara de queijo
1 xícara de leite
1 xícara de farinha de milho fina
1 xícara de farinha de trigo
1 espiga e ½ de milho
4 colheres de manteiga derretida
4 colheres de açúcar
2 ovos
½ colher de chá de sal
2 colheres de chá de fermento químico para bolo

Bata na batedeira os ovos, a manteiga derretida e o leite. À parte, peneire a farinha de milho, a farinha de trigo, o açúcar, o sal e o fermento. Misture tudo com uma colher de pau. Depois acrescente a mistura batida na batedeira. Mexa novamente. Coloque o queijo picado e o milho retirado das espigas. Misture bem. Unte uma fôrma e coloque um pouco de farinha. Coloque a massa na fôrma e leve ao forno preaquecido por, em média, 45 minutos.

Pão de parmesão

1 ovo
2 xícaras de queijo parmesão ralado
¾ de xícara de azeite
1 xícara de leite
1 pitada de sal
2 xícaras de polvilho azedo

Bata no liquidificador o leite, o azeite e o ovo. Depois acrescente, aos poucos, o polvilho. Bata mais. Coloque o sal e o queijo ralado. Bata novamente até obter uma massa bem homogênea. Unte forminhas e polvilhe farinha nelas. Coloque a massa nas forminhas e leve ao forno preaquecido por 20 minutos. Dependendo do seu forno, pode ser mais ou menos tempo. Está pronto!

Pãozinho campeiro

1 xícara de óleo
2 ovos
1 xícara de cerveja
2 colheres de açúcar
½ colher de sal
1 colher de fermento em pó
600g de farinha de trigo

100g de lingüiça
200g de goiabada

Misture os ovos, o óleo e a cerveja. Em outra vasilha, misture o açúcar, o sal e o fermento. Junte tudo e acrescente, aos poucos, a farinha peneirada. A massa tem que desgrudar da mão. Faça pãezinhos, com as mãos, colocando no meio, como recheio, a goiabada em pedaços ou a lingüiça cortada em rodelas. Leve ao forno preaquecido, por 40 minutos.

Sonhos de chocolate

Para a massa:
1 xícara de chá de água
½ xícara de manteiga
1 colher de café de sal
1 colher de chá de açúcar
1 xícara de farinha de trigo
4 ovos

Para o recheio:
2 colheres de chocolate em pó
2 colheres de açúcar
1 pitada de sal
1 xícara de creme de leite batido

Numa panela, coloque a água, a manteiga, o sal e o açúcar. Deixe ferver. Junte a farinha de trigo peneirada de uma só vez, mexendo sempre, até a massa se desprender do fundo da panela. Retire do fogo e continue a mexer até a massa ficar macia. Deixe esfriar. Junte os ovos, um a um, misturando bem. Pingue de 10 a 12 porções de massa numa assadeira untada. Asse em forno quente, até que os sonhos fiquem dourados e crescidos (cerca de meia hora). Tire-os do forno e dê um talho de cada lado dos sonhos, para que não murchem. Leve-os novamente ao forno por mais uns 5 minutos. Deixe esfriar bem para rechear. Faça o recheio misturando o chocolate, o açúcar e o sal. Junte aos poucos o creme de leite batido, até obter uma massa bem lisa. Deixe gelar muito bem. Coloque na batedeira e bata até o creme ficar consistente. Recheie os sonhos na hora de servir.

Sonhos de pobre

3 ovos
3 colheres de açúcar
1 pitada de sal
3 xícaras de chá de farinha de trigo
1 colher de sobremesa de fermento em pó p/bolo
1 copo de leite
canela em pó

Bata as claras em neve, junte as gemas, o açúcar, o sal, o fermento e a farinha, aos poucos. Misture bem. Coloque o leite até que a massa fique mole. Esquente bem uma frigideira com óleo e coloque colheradas da massa. Retire o excesso de gordura, deixando os sonhos sobre papel-toalha, e termine polvilhando-os com açúcar e canela.

Streuselkuchen
(Cuca de maçã)

Para a farofa:
1 xícara de farinha de trigo
10 colheres de açúcar
1 colher de chá de canela em pó
5 colheres de manteiga

Para a massa:
1 xícara de leite morno
2 tabletes de fermento biológico fresco
½ xícara de açúcar
5 xícaras de farinha de trigo
1 colher de chá de sal (2,5g)
½ xícara de manteiga
3 ovos
100g de passas de uva sem sementes
100g de frutas cristalizadas
3 maçãs médias

Comece pela massa. Numa tigela, misture o leite morno com o fermento e metade do açúcar. Junte

1 xícara de farinha e mexa até que fique uma massa homogênea. Cubra-a com um pano e deixe-a crescer por 30 minutos. Em seguida, peneire em outra tigela a farinha e o açúcar restantes com o sal e adicione, aos poucos, à massa crescida. Acrescente a manteiga (reserve 2 colheres de chá) e os ovos. Amasse bem e transfira a massa para uma superfície enfarinhada. Sove-a por 10 minutos, ou até ficar lisa e soltar das mãos. Volte a massa para a tigela e cubra-a com um pano. Deixe crescer por mais 30 minutos. A seguir, misture cuidadosamente as passas de uva e as frutas cristalizadas. Unte uma assadeira retangular com a manteiga reservada e polvilhe farinha de trigo. Abra a massa na assadeira, alise-a e deixe crescer por mais 30 minutos. Ligue o forno à temperatura média. Corte as maçãs em gomos, sem casca e sementes. Disponha os gomos de maçã sobre a massa e reserve. Para a farofa, peneire numa tigela a farinha de trigo com o açúcar e a canela e misture a manteiga derretida. Mexa com as pontas dos dedos até soltar bem e espalhe-a sobre a massa. Leve ao forno por 45 minutos, ou até a massa dourar. Retire do forno e, depois de morna, corte a cuca em pedaços e sirva.

Ambrosia de forno

6 ovos
3 xícaras de açúcar
suco de 1 limão
1 litro de leite
4 cravos-da-índia
2 pauzinhos de canela

Em uma tigela, bata os ovos com o suco de limão. À parte, misture o leite com o açúcar. Depois, misture os ovos com o leite e o açúcar. Unte um prato refratário grande com manteiga e coloque a mistura. Acrescente os cravos e a canela. Espalhe bem. Leve ao forno em temperatura média, mexendo de vez em quando com uma colher de pau. Cozinhe até que fique bem dourado por cima. Depois retire do forno, coloque em um prato bem bonito, deixe esfriar e enfeite com tirinhas de limão e canela. Eu, naturalmente, pulo a parte do deixar esfriar. Pra mim, ambrosia tem que ser quente! Ao sacrifício!

Arroz-de-leite

1 xícara de arroz
2 xícaras de água
1 litro de leite
1 lasca de canela
canela em pó
3 colheres de leite condensado
3 colheres de açúcar
3 colheres de creme de leite

Numa panela ampla, coloque a água e o arroz para cozinhar. Quando o arroz estiver quase cozido, acrescente o leite. Mexa bem e deixe levantar a fervura. É hora de colocar o açúcar e a lasca de canela. Deixe ferver mais mexendo bem, por uns 10 minutos. Quando o leite reduzir de volume, coloque o leite condensado e o creme de leite. Misture e deixe cozinhar mais um pouquinho, uns 5 minutos, até engrossar. Está pronto. Coloque em um pote de vidro e enfeite com canela em pó e em lascas.

Bala de bolacha

1 lata de leite condensado
½ tablete de manteiga sem sal
25 bolachas maria

3 colheres de mel
4 colheres de chocolate em pó

Bala de bolacha? Calma, por favor, não vire a página. Na verdade, a bala de bolacha é uma delicada sobremesa que você só descobre depois do "sacrifício". É uma receita supersimples e ainda hipergostosa.

Numa panela, coloque o leite condensado, a manteiga, o mel e o chocolate em pó. Misture. É preciso escurecer bem a massa, por isso, se for preciso, coloque mais chocolate. Leve ao fogo e mexa até ficar no ponto de negrinho, ou seja, quando começa a desgrudar do fundo da panela. Misture a bolacha picada. Coloque tudo num refratário médio previamente untado com manteiga. Leve para a geladeira por 3 horas. Corte em quadradinhos e prove as balas de bolacha.

Bananas douradas

Para a base:
8 bananas (do tipo caturra)
3 colheres de manteiga

Para a gemada:
4 gemas
8 colheres de açúcar

Para a merengada:
4 claras
8 colheres de açúcar

Esta é uma versão mais simplificada da "Banana ao forno", receita que está no livro Cozinha sem segredos. *É incrível o sucesso que ela faz. Aqui ela está mais fácil e mais saborosa!*

São três etapas. Comece pela base: as bananas. Descasque-as e corte-as em rodelas. Numa frigideira, coloque a manteiga e as rodelas de banana. Deixe-as dourar dos dois lados. Depois acomode-as num refratário amplo. A base está pronta. Vamos para a segunda camada. Bata uma gemada. Para quem está chegando agora no mundo da cozinha, é simples fazer uma gemada. Bata as gemas e o açúcar. Mas, cuidado: vá colocando o açúcar aos poucos. Quando estiver bem batido (isto é, um creme quase branco), coloque-o por cima das bananas, no refratário. E vamos para a terceira camada. Uma merengada. Numa batedeira, bata as claras em neve. Quando estiverem bem firmes, acrescente as 8 colheres de açúcar. Bata mais. Coloque as claras em neve por cima de tudo, no refratário. Leve ao forno por 20 minutos. Deixe dourar bem a parte de cima. Depois, é só servir, quente ou frio. A minha sugestão é servir quente e ainda decorar o prato com calda de chocolate e sorvete de creme! Que tal, hein?

Bolinhos de abacaxi

1 xícara de água gelada
1 clara de ovo
1 colher de maisena
1 xícara de farinha de trigo
3 colheres de azeite
1 colher de açúcar
1 colher de chá de fermento em pó
2 fatias grossas de abacaxi

Uma boa dica para a sobremesa, dá para servir com uma generosa bola de sorvete. Ou, como um lanche, acompanhados de café preto. Ou, para os mais radicais, uma sugestão para misturar doce com salgado: que tal bolinhos de abacaxi com lombo de porco assado?

Prepare a massa batendo levemente a clara com a maisena. Acrescente a água, aos poucos, e o azeite. Em outra tigela, peneire a farinha de trigo com o açúcar, o sal e o fermento. Acrescente, lentamente, a mistura da clara com a maisena. Evite misturar em excesso, não faz mal que fiquem alguns grumos. Corte as fatias de abacaxi em cubos. Coloque bastante óleo em uma panela e aqueça. Enrole os pedaços de abacaxi na massa, fritando-os no óleo até que fiquem bem dourados. Escorra-os e coloque sobre papel absorvente. Sirva com canela e açúcar por cima.

Brigadeirão

2 latas de leite condensado
100g de margarina
5 colheres de chocolate em pó
5 ovos
200g de chocolate granulado
açúcar e manteiga para untar

O nome indica que esta receita nada mais é que um brigadeiro, ou "negrinho" (como se diz no Rio Grande do Sul) grande. Não deixa de ser verdade, mas é muito mais. Quando se corta o brigadeirão, tem-se uma surpresa. A dica é saborear com uma generosa bola de sorvete.

Coloque no liquidificador os ovos, um de cada vez. Depois acrescente o leite condensado, a margarina em pedaços e o chocolate em pó. Bata bem. Unte uma fôrma com um cone no meio com manteiga. Espalhe um pouco de açúcar em toda ela. Coloque a mistura batida no liquidificador na fôrma e cubra-a com papel-alumínio. Leve ao forno em banho-maria por uma hora. Desenforme e enfeite com o chocolate granulado!

Creminho

1 gema de ovo
1 lata de leite condensado
1 litro de leite
6 colheres bem cheias de chocolate em pó
4 colheres de maisena
1 lata de creme de leite

Coloque numa panela todo o leite e dissolva nele a maisena e a gema de ovo. Após dissolvidos, acrescente o chocolate em pó e o leite condensado. Leve a fogo alto e deixe cozinhar até engrossar bem. Depois disso, tire todo o creme da panela ainda quente e bata junto com o creme de leite na batedeira. Coloque em uma fôrma o creme quente. Cubra com filme plástico e leve à geladeira por 3 horas.

Crepe de chocolate

1 xícara de leite
3 ovos
¾ de xícara de farinha de trigo
¼ de xícara de chocolate em pó
¼ de xícara de açúcar
2 colheres de margarina derretida
1 pitada de sal

Coloque os ingredientes no liquidificador, seguindo esta ordem: leite, ovos, sal, farinha, chocolate e açúcar. Bata até obter uma massa lisa e homogênea. Deixe descansar por 30 minutos. Na hora de preparar os crepes, acrescente a margarina derretida e misture bem. Unte uma frigideira antiaderente com um pouco de óleo. Aqueça, coloque um pouco da massa, girando a frigideira para distribuí-la bem. Assim que as bordas começarem a secar, vire o crepe e doure por 1 minuto. Coloque em um prato e repita a operação até a massa terminar. Dobre os crepes em quatro, fazendo o formato de um leque. Arrume-os em uma travessa. Sirva com sorvete de creme.

Crocante de morangos

1 pacote de flocos de milho
1 xícara de mel
100g de frutas cristalizadas
2 colheres de manteiga
200g de morangos
4 colheres de açúcar
200ml de creme de leite
1 colher de essência de baunilha
folhas de hortelã

Coloque o mel, 2 colheres de açúcar em uma panela e leve ao fogo. Dissolva o açúcar e acrescente a manteiga. Apague o fogo. Coloque as frutas cristalizadas e acrescente delicadamente os flocos de milho. Misture bem. Forre uma fôrma de bolo (furo no centro) com filme plástico e enforme a mistura de mel e flocos, apertando bem. Leve à geladeira por 4 horas. Bata em uma batedeira o açúcar restante com o creme de leite até ponto de chantilly. Acrescente a baunilha. Desenforme os flocos de milho e coloque em uma travessa redonda. Retire o filme plástico e decore com os morangos, o chantilly e as folhas de hortelã.

Doce de maçã

8 maçãs
1 xícara de açúcar
150g de passas de uva
canela em pó
1 copo de leite

Costumo dizer que hoje em dia é preciso ter muito caráter para repetir a sobremesa. Sim, porque com a onda de dietas draconianas, as pessoas ficam cada vez mais sem jeito de pedir: "Pra mim, dose dupla de doce". Bem, mas com o doce de maçã esse problema começa a ser superado. É um doce tão leve que não vai pesar em ninguém... pra mim, doce de maçã com dose dupla de nata!

Primeiro coloque as passas de uva de molho no leite. Enquanto isso, retire o miolo das maçãs e corte-as em pedaços grandes. Coloque as maçãs cortadas em uma fôrma e cubra-as com o açúcar. Depois coloque as passas e, por cima, o leite. Para terminar, cubra tudo com canela. Tape com papel-alumínio e leve ao forno por, em média, 1 hora e meia. Sirva quente ou frio com nata!

Doce de mandioca

1kg de mandioca
500g de açúcar
500ml de água
2 cravos
1 pau de canela
1 colher de erva-doce

Descasque, corte e ferva toda a mandioca, cozinhando-a ligeiramente numa panela com água. Depois faça uma calda misturando o açúcar e a água. Escorra a mandioca e coloque a calda por cima. Acrescente a erva-doce, a canela e os cravos. Misture delicadamente. Cozinhe em fogo baixo até que os pedaços de mandioca fiquem macios, mas cuide para não desmanchá-los. Sirva a compota fria.

Doce de ricota

1 xícara de açúcar
½ xícara de água
200g de margarina
500g de massa cabelo de anjo
1 lata de leite condensado
350g de ricota fresca

Quebre a massa em pedaços de 2cm. Reserve. Coloque metade da margarina em uma panela, leve ao fogo e doure metade dos pedacinhos de massa. Retire da panela e reserve. Repita com a massa restante. Passe a ricota por uma peneira e misture-a ao leite condensado. Reserve. Com metade do macarrão frito forre uma assadeira de aproximadamente 30cm. Cubra com o creme de ricota e espalhe por cima da massa restante. Prepare uma calda rala com a água e o açúcar. Retire do fogo. Regue o doce com metade dessa calda, cubra com papel-alumínio. Leve ao forno médio por 30 minutos. Retire do forno, tire o papel-alumínio e deixe esfriar. Para servir, corte quadrados e regue com a calda restante.

Docinhos de felicidade

100g de bolachas maria
1 xícara de castanhas-do-pará moídas

½ lata de leite condensado
½ xícara de chocolate em pó
½ colher de açúcar de baunilha

Triture as bolachas no liquidificador e reserve. Em uma vasilha, coloque as castanhas, o leite condensado, o chocolate em pó, a baunilha e as bolachas reservadas. Com a ponta dos dedos, misture tudo até ligar bem. Unte a palma da mão com manteiga e modele os docinhos. Passe-os no açúcar cristal e, no centro de cada um, coloque um cravo-da-índia. Coloque-os em forminhas de papel. *Importante: Os ingredientes não vão ao fogo.*

Farofa de sorvete

1 xícara de açúcar
1 copo de suco de limão
½ xícara de leite em pó
1 xícara de farinha láctea
½ xícara de castanha de caju
1 pitada de sal

Unte com óleo uma assadeira. Prepare um caramelo colocando em uma panela o açúcar e o suco de limão. Misture muito bem e leve ao fogo baixo para que o açúcar dissolva. Aumente o fogo e cozinhe o açúcar até obter uma coloração dourada. Quando todo o caramelo estiver dourado, despeje-o cuidadosamente na assadeira, espalhando bem. Deixe esfriar completamente. Coloque no liquidificador os ingredientes restantes, acrescente os pedaços de caramelo e bata para obter a textura de farofa. Coloque por cima do sorvete.

Fondue de chocolate
(4 PESSOAS)

150g de chocolate meio amargo em barra
2 colheres de manteiga
1 xícara de creme de leite fresco
¼ de xícara de leite condensado

Coloque na panela o leite condensado, a manteiga e o creme de leite. Leve ao fogo baixo até que comece a ferver. Acrescente o chocolate picado e misture bem para que o chocolate derreta. Transfira a mistura para o aparelho de *fondue* e sirva acompanhado de pelo menos quatro destas frutas: morango, banana, maçã, bergamota, abacaxi, kiwi e uva.

Musse de chocolate francesa

9 ovos
18 colheres de açúcar

1 tablete de manteiga
1 copo de cacau em pó

As receitas de musse de chocolate vieram da França e aqui foram, digamos assim, tropicalizadas. O nosso colega Anderson, da Globo e RBS-TV, e a Anne me passaram a receita da autêntica musse francesa de chocolate. Aí vai ela, passo a passo, sem mistérios.

Separe as claras das gemas e, primeiro de tudo, bata as claras na batedeira. Quando estiverem em neve, agregue 9 colheres de açúcar e bata mais até fazer merengada firme. Reserve-a. Enquanto isso, faça uma gemada, a velha e boa gemada, com as 9 gemas separadas dos ovos e com as 9 colheres de açúcar restantes. Última providência: derreta a manteiga e misture-a com o cacau (ou chocolate em pó sem açúcar) fora do fogo, mexendo, até que o cacau fique diluído. A finalização é simples: basta misturar a gemada com a merengada e com o chocolate que foi diluído na manteiga derretida. Misture bem. Leve para a geladeira por umas 3 horas. Está pronta a legítima musse de chocolate francesa.

Nhoque de coco

3 colheres de cachaça
3 gemas
3 claras
farinha de trigo

100g de coco ralado
2 xícaras de açúcar
1 xícara de água

O simpático costume de comer nhoque no dia 29 pode ser recente, mas a história do prato é bastante antiga. Foi certamente o primeiro tipo de massa caseira a ser inventado. Supõe-se que o nhoque exista desde os antigos gregos e romanos. Na Itália, chamaram-no primeiramente de macarrão. Na Idade Média, porém, já era conhecido com o nome atual, gnocchi. *Em português, escreve-se nhoque. Em italiano,* gnocchi. *Significa algo como pelota, e na verdade é uma pelotinha de farinha amassada com água. Mudando conforme os ingredientes da massa e do molho, o nhoque começou a ser elaborado com várias farinhas, sobretudo de trigo, arroz e inclusive com miolo de pão. Misturadas com água, temperadas com sal e cozidas na água, propiciaram alimentos substanciosos. Anos depois, a massa foi enriquecida com espinafre, queijo, castanha, carne ou peixe. Após a introdução do milho na Itália, em meados do século 16, surgiu o nhoque de polenta. Mas foi a chegada da batata, entre os séculos 16 e 17, que mudou a história do prato. Que tal nhoque na sobremesa?*

Bata na batedeira as claras em neve. Quando estiverem bem firmes, coloque as gemas e a cachaça e bata mais. Depois, retire o recipiente da batedeira e, manualmente, misture a farinha de trigo até que a massa desgrude das mãos. Abra a massa em cima da mesa e enrole. Corte pequenos rolinhos e frite-os em óleo bem quente. Enquanto isso, faça uma calda levando ao fogo o coco, a água e o açúcar. Deixe engrossar um pouco, mexendo sempre. Coloque a calda em cima dos nhoques já fritos e misture com cuidado.

Pastelão de frutas
(8 pessoas)

2 discos de massa para pastelão (de preferência, folhada)
2 maçãs
2 bananas
½ caixinha de morangos
1 xícara de açúcar
1 colher de canela em pó
½ xícara de frutas cristalizadas

Unte e enfarinhe um refratário redondo. Forre-o com um dos discos de massa. Corte as bananas em rodelas e as maçãs em lascas. Misture o açúcar com a canela. Misture as bananas com as maçãs e cubra tudo com o açúcar misturado com a canela. Mexa bem e coloque tudo sobre a massa no refratário. Coloque também os morangos e as frutas cristalizadas. Cubra com o outro disco de massa e feche todos os lados. Pincele com uma gema e leve ao forno por 40 minutos. Sirva com creme de leite.

Pavê de morango
(8 pessoas)

250g de bolacha de champanhe
2 caixas de morangos
2 pacotes de merengues
1 litro de leite
4 gemas
4 colheres de açúcar branco
1 colher de açúcar de confeiteiro
1 colher de maisena
3 colheres de manteiga
leite para molhar as bolachas

Molhe as bolachas no leite. Vá arrumando as bolachas num prato grande ou refratário. Depois, corte os morangos e misture-o bem com os merengues esmagados com as mãos. Cubra as bolachas com os morangos misturados com os merengues. Numa panela, coloque o leite, as gemas, o açúcar branco, o açúcar de confeiteiro, a maisena e a manteiga. Misture sempre até engrossar. Coloque o creme por cima de tudo no refratário e leve à geladeira até ficar firme.

Peras cozidas

4 peras maduras e firmes
3 copos de vinho tinto

3 copos de açúcar
3 copos de água
4 cravos-da-índia
1 pau de canela

Esta receita tem semelhança com as Peras bêbadas, *mas aqui as frutas são bem mais sóbrias.*

Descasque as peras, mantendo o talo. Corte-as ao meio e retire as sementes. Leve ao fogo uma panela ampla com o vinho, o açúcar, os cravos e a canela. Assim que levantar fervura, agregue as peras e cozinhe em fogo baixo até estarem macias. Retire-as e continue a cozinhar a calda por mais alguns minutos para que fique mais espessa. Sirva as peras regando com um pouco da calda e, se preferir, acompanhadas com uma bola de sorvete de creme.

Queijadinha de fubá

2 colheres de farinha de trigo
2 colheres de farinha de milho
1 colher de chá de fermento químico
1 colher de margarina
2 colheres de queijo ralado
1 vidro de leite de coco
3 xícaras de açúcar
2 xícaras de leite frio
4 ovos

Coloque todos os ingredientes no liquidificador. Bata bem. Depois coloque a massa resultante numa fôrma untada e enfarinhada com farinha de trigo. Leve ao forno preaquecido por 40 minutos ou até dourar a parte de cima. Está pronta!

Rocambole de doce de leite

5 colheres de açúcar
5 ovos
4 colheres de farinha de trigo
1 colher de maisena
400g de doce de leite
coco ralado
creme de goiabada

Separe as gemas das claras. Bata as claras na batedeira até ficarem em neve. Coloque o açúcar e as gemas. Misture a maisena com a farinha e acrescente na batedeira. Misture tudo e coloque a massa resultante numa fôrma untada e enfarinhada e leve ao forno preaquecido por 20 minutos. Retire do forno e desenforme a massa em cima de um pano. Coloque uma camada do creme de goiabada e por cima uma camada do doce de leite, com a massa ainda quente. Enrole a massa com a ajuda do pano. Deixe-a enrolada no pano até esfriar. Retire o pano e cubra o rocambole com doce de leite. Enfeite com coco ralado e sirva.

Rocambole de nozes

6 colheres de açúcar
1 lata de leite condensado
125g de farinha de nozes (passar no processador)
3 gemas

Receita do pintor Fernando Baril. Queime 3 colheres de açúcar em uma frigideira até derreter. Acrescente o leite condensado, mexendo sempre até ficar homogêneo. Fora do fogo, misture ao creme a farinha de nozes até o ponto de "negrinho" (fica uma massa grossa). Unte uma mesa de pedra com manteiga e largue a mistura em cima dela. Enquanto esfria, coloque em uma frigideira o açúcar restante com um pouco de água, para fazer uma calda grossa. Ferva. Depois, misture a calda às gemas, leve novamente ao fogo baixo e mexa até engrossar. Abra a massa de nozes na mesa, espalhe o creme de ovos por cima e enrole como um rocambole. Está pronto.

Romeu e Julieta moderno

1 lata de leite condensado
1 vidro de requeijão
queijo mozarela bem ralado
goiabada

Forre o fundo de um prato refratário com a goiabada cortada em fatias bem fininhas... não exagere!

Misture bem o leite condensado com o requeijão antes de colocá-los por cima da goiabada. Finalize com o queijo ralado. Coloque no forno já aquecido por cerca de 15 minutos ou até que o queijo derreta. Pode ser servido na temperatura ambiente ou gelado.

Sagu light

Para o sagu:
7 xícaras de vinho tinto
7 xícaras de água
6 colheres de chá de adoçante
2 xícaras de sagu
cravo e canela

Para o creme:
1 copo de leite desnatado (ou integral)
1 copo de adoçante (ou açúcar)
1 copo e ½ de água

Para fazer o sagu, coloque o vinho e a água para ferver. Quando abrir a fervura, adicione o adoçante. Misture bem. Coloque o sagu, aos poucos. Mexa bem. Deixe cozinhar por uns 20 minutos ou até as bolinhas de sagu ficarem transparentes. Retire do fogo e deixe esfriar. Bata o leite, o adoçante ou o açúcar e a água no liquidificador. Leve a mistura para o fogo, mexendo sempre. Quando engrossar, desligue o fogo e deixe esfriar. Leve o sagu e o creme para a geladeira. Sirva os dois juntos!

Strudel da Márcia

7 maçãs
canela em pó
1 xícara de açúcar
1 gema
damascos
1 xícara de passas de uva com rum
açúcar de confeiteiro
2 folhas de massa folhada pronta, pode ser congelada

Descasque as maçãs e corte-as em pedaços. Coloque o açúcar e a canela por cima e deixe por uns 15 minutos. Abra a massa folhada, depois de descongelar, em um refratário. Arrume uma folha sobre o prato para que preencha todo o espaço. Cubra-a com as passas, sem o rum, e os damascos cortados em pedaços. Passe a gema de ovo com a ajuda de um pincel nas bordas da massa. Passe também nas bordas da outra folha de massa e coloque-a sobre todos os ingredientes. Dobre as pontas e a laterais, para fechar. Passe o restante da gema por cima do *strudel*. Coloque-o numa fôrma untada e enfarinhada. Leve ao forno por 35 minutos. Retire, deixe esfriar, e passe o açúcar de confeiteiro por cima e nas laterais. Sirva com uma generosa porção de nata.

Suflê de ameixa

Para o suflê:
4 claras
2 xícaras de açúcar e mais 3 colheres de açúcar
250g de ameixas

Para a cobertura:
1 litro de leite
4 gemas
4 colheres de açúcar
2 colheres de maisena
½ colher de açúcar de baunilha

Para fazer o suflê, coloque as ameixas, sem os caroços, para cozinhar com as 3 colheres de açúcar. Em uma outra panela, em banho-maria, coloque as claras com as 2 xícaras de açúcar. Mexa bem. Quando as claras estiverem fervendo, retire-as e bata-as na batedeira até ficarem em neve. Retire as ameixas do fogo e misture-as, delicadamente, às claras em neve. Coloque tudo em um refratário e leve ao forno até dourar a parte de cima. Enquanto as ameixas estão no forno, prepare a cobertura. Coloque todos os ingredientes da cobertura numa panela e leve ao fogo, mexendo sempre. Quando começar a engrossar, está pronto. Derrame este creme branco em cima das ameixas que saíram do forno, enfeite com ameixas inteiras e leve para a geladeira. Quando o creme ficar firme, está pronto o suflê de ameixa.

Torta de geléia

Para a massa :
300g de farinha de trigo
150g de manteiga gelada
100g de açúcar
1 colher de raspa de limão
1 ovo
2 gemas de ovo
pitada de sal

Para o recheio:
150g de geléia de morango

Corte a manteiga em cubos. Coloque a farinha e o sal em uma superfície plana, acrescente o açúcar e faça um vulcão, colocando os cubinhos de manteiga dentro e cortando-os com uma faca. Quando não conseguir mais cortar, continue trabalhando a massa com a ponta dos dedos até obter a consistência de areia grossa. Forme o vulcão novamente e acrescente as gemas e o ovo dentro. Ligue a massa novamente, embrulhe-a em plástico e leve à geladeira por 20 minutos. Retire dois terços da massa e abra-a entre dois sacos plásticos levemente enfarinhados com a espessura de 0,5cm aproximadamente. Forre o fundo de uma assadeira de aro removível. Amasse a geléia com um garfo para deixá-la mais macia e espalhe-a sobre a massa, deixando uma borda de 1cm. Acrescente a massa restante à reservada. Abra a massa da mesma maneira e, com uma carretilha ou faca, corte tiras de 2cm de largura. Vá colocando as tiras sobre a torta para fazer um quadriculado, corte as pontas e, com outra tira, circule a torta, cobrindo a borda de 1cm que ficou reservada quando a geléia foi espalhada. Leve ao forno preaquecido por cerca de 25 minutos ou até estar dourada. Espere esfriar e sirva.

Torta de pudim

Para a torta:
100g de margarina
1 xícara e ½ de farinha de trigo
1 xícara de açúcar
1 colher de fermento químico para bolo
2 ovos
½ xícara de leite
1 pitada de sal

Para o pudim:
1 lata de leite condensado
1 xícara de leite
4 ovos

Para caramelar a fôrma:
1 xícara e ½ de açúcar

Comece pela massa da torta. Numa vasilha grande, misture bem a margarina e o açúcar. Coloque a farinha e o fermento peneirados. Acrescente o leite, os ovos e o sal. Misture até que a massa fique bem homogênea. Reserve. Bata no liquidificador os ingredientes do pudim: o leite condensado, o leite e os ovos. Enquanto isso, coloque o açúcar na fôrma (tem que ser uma fôrma de pudim) e leve ao fogo baixo para caramelar. Quando o açúcar estiver bem dourado, coloque a mistura batida no liquidificador, o pudim, e, por cima, a massa da torta. Leve ao forno preaquecido. Tem que ser em banho-maria, ou seja, coloque a fôrma dentro de outra fôrma maior com água. Cubra com papel-alumínio, se ele não tiver tampa. O tempo de forno em banho-maria é, em média, uma hora. Espere esfriar e desenforme.

Torta de queijo

Para a massa:
100g de bolacha de maisena
4 colheres de manteiga

Para o recheio:
1 envelope de gelatina incolor sem sabor
500g de queijo *cottage*
½ xícara de chá de leite desnatado
½ xícara de chá de suco de laranja
1 colher de adoçante próprio para forno e fogão

5 colheres de raspas de laranja
2 laranjas médias descascadas para decorar

Para preparar a massa, coloque em uma panela a manteiga e leve ao fogo até derreter. Parta os biscoitos ao meio e bata-os no liquidificador até obter uma farofa. Transfira-a para uma tigela, junte a manteiga, 1 colher de água e misture bem até obter uma massa úmida. Forre com ela o fundo de uma fôrma de aro removível de 23cm de diâmetro aproximadamente e leve para gelar por 30 minutos, ou até ficar firme. Enquanto isso, faça o recheio. Dissolva a gelatina de acordo com as instruções da embalagem e reserve. Bata no liquidificador o queijo *cottage*, o leite, o suco de laranja e o adoçante até obter uma mistura bem homogênea. Em seguida, acrescente a gelatina dissolvida e as raspas de laranja e bata por mais alguns segundos. Despeje o recheio sobre a massa e leve a torta novamente à geladeira por 3 horas, ou até endurecer. Decore-a com laranja cortada em rodelas médias. Se preferir, use raspas de laranja.

Torta fácil de bolacha

1 lata de creme de leite
1 pacote de bolachas maria
1 barra de chocolate
1 copo de leite

Coloque o chocolate para derreter em banho-maria. Quando estiver derretido, misture o creme de leite com o soro. Passe as bolachas no leite e depois arrume-as no fundo de um refratário. Coloque uma camada do chocolate. Espalhe bem. Coloque mais uma camada de bolachas e outra de chocolate. Leve para a geladeira por, pelo menos, 1 hora.

Uva no chocolate

400g de chocolate
600g de uva
2 latas de creme de leite

Derreta o chocolate em banho-maria. Depois, quando estiver bem derretido, acrescente o creme de leite com o soro. Misture bem. Arrume as uvas em um prato fundo ou refratário, fazendo uma camada de uvas. Derrame o creme de chocolate por cima e enfeite com mais uvas. Leve para a geladeira até que fique bem firme! Aí é só mergulhar neste mar de chocolate.

Este livro, como todos os outros, foi uma elaboração coletiva, que dependeu da ajuda generosa de muitas pessoas.

Em primeiro lugar, obrigado à Linda, por tudo: das receitas de doces ao encorajamento cotidiano, ela não falhou nunca.

Agradeço também à ajuda fundamental da Ciça Kramer, que concedeu a amizade e o seu imenso talento a essa empreitada.

A Márcia esteve sempre presente, contribuindo com quase todos os pães e bolos, nas receitas e nos testes, juntamente com o superstar Alarico, que nasceu e fez um ano entre as receitas.

A gratidão às pessoas de coração grandioso que nos mandaram receitas e sugestões.

Aos companheiros da RBS-TV, TVCom, Rádio Gaúcha, Zero Hora e ClicRBS, uma dívida imensa.

E, por fim, a palavra final: sem a Lúcia Bohrer, a Jó Saldanha e toda a valorosa equipe da L&PM, não existiria este livro.

Índice

Abobrinha fina/63
Abobrinha recheada/64
Aipim com lingüiça/65
Alcatra com laranja/23
Ambrosia de forno/173
Apfelstrüdel/146
Arroz à chinesa /119
Arroz com cerveja/120
Arroz com lentilhas/121
Arroz de queijo/122
Arroz-de-leite/174
Bacalhau com nata/125
Bacalhau no forno /127
Bala de bolacha/174
Bananas douradas/175
Batata colorida/66
Batata exibida/66
Bauru ao prato de Caxias/67
Bife acebolado de presunto /24
Bolachinhas de gergelim/148
Bolachinhas de milho /147
Bolão de batata/68
Bolinhas douradas/148
Bolinhos de abacaxi/177
Bolinhos de batata/69
Bolo branco/149
Bolo de aveia /150
Bolo de brigadeiro/151
Bolo de goiabada/152
Bolo de laranja com casca/153
Bolo de mel com café/154
Bolo de sorvete/157

Bolo de uva/155
Bolo molhado/156
Brigadeirão/178
Brioches /158
Broa/159
Camarão cremoso/128
Camarão na cerveja/129
Camarão no alho e óleo/130
Camarão xadrez/131
Camembert empanado/70
Canoa de pimentão /71
Carne à Califórnia/25
Carne com ervas e tomate /26
Carne com molho de bergamota/28
Casquinhas de queijo/72
Cataplana de frutos do mar/132
Cebolada/72
Charque acebolado/29
Chocolate de inverno/73
Churrasco no forno/30
Costela com mix de batatas/27
Costela no forno /31
Costelinha com batata-doce/32
Costelinhas com goiaba/33
Costelinhas de cordeiro com figo/35
Costelinhas suínas ao molho de mel e mostarda/36
Couve-flor com carne moída/37
Cozido de galo velho/52
Creme de abóbora/142
Creme de parmesão/142
Creminho/179
Crepe de chocolate/179
Crocante de morangos/180
Cuca de banana/160
Doce de maçã/181
Doce de mandioca/182

Doce de ricota /183
Docinhos de felicidade/183
Empadinha de tomate seco/74
Entrevero/75
Escalopes ao limão/38
Espaguete com brócolis/13
Espaguete com ervas e presunto/13
Espaguete com nozes/14
Espaguete com rúcula /15
Espetinho de gato/39
Estrogonofe de camarão/133
Estrogonofe de fígado/40
Falsa cuca de maçã/161
Farofa de Natal /76
Farofa de sorvete/184
Feijoada de camarão à moda Algarvia/77
Feijoada de peixe/79
Festival do bife/41
Fettuccine com abobrinha frita/16
Filé de atum agridoce/134
Filé de porco com molho de laranja/42
Flan de cenoura/80
Folhas com queijo/81
Fondue de chocolate/185
Frango ao mel/53
Frango com batatas/54
Frango com champanhe/54
Frango com lingüiça/55
Frango com molho de cerveja/57
Frango laranja/57
Frango quatro latas/59
Franguinho delícia/59
Fritada acebolada de presunto /82
Fritada de abóbora/83
Fritada de siri/83
Fritada geral/84

Galinha do Zé/60
Geléia de uva/85
Gratinado de batata/86
Guisado de camarão/135
Hambúrguer de forno/87
Hambúrguer de frango/87
Hambúrguer de peixe/88
Lagarto roxo/43
Lasanha de arroz/89
Lasanha voadora/90
Licor de chocolate/91
Lombinho vermelho /44
Lombo de porco com canela /44
Lombo doce/45
Macarrão ao pesto com abobrinha/17
Macarrão com presunto e ervilhas/19
Macarrão zás trás/18
Massa com palmito/20
Massa verde com lingüiça/21
Matambre na pressão /47
Molho fácil de tomate/144
Musse de chocolate francesa/185
Nhoque de coco/186
Pão caseiro /162
Pão caseiro de chocolate/163
Pão de ameixa/162
Pão de carne/92
Pão de cenoura *light*/164
Pão de centeio/165
Pão de cerveja/165
Pão de liquidificador/166
Pão de milho/167
Pão de parmesão/168
Pãozinho campeiro/168
Pastelão de frango/94
Pastelão de frutas/188

Pavê de morango/189
Peito de frango picante/61
Peixe com bechamel e banana /136
Peixe com molho de atum/137
Peixe com palmito/138
Peixe do Bistrô do Forte/139
Penne vermelho/22
Peras cozidas /190
Pernil com molho de morangos/48
Pernil português/48
Peru com molho de uvas/62
Picadão com vinho /49
Picanha na panela/51
Pizza de china pobre/93
Pizza falsa/95
Pizza integral/96
Polenta do rei/97
Porquinho do mar/98
Presunto com ovos /99
Purê de mandioquinha/99
Queijadinha de fubá/190
Quibe de peixe/100
Quiche de bacalhau e *bacon*/102
Quiche de espinafre /103
Repolho enfeitado/104
Risoto cremoso/123
Risoto de peru /124
Rocambole de doce de leite/191
Rocambole de nozes /192
Romeu e Julieta moderno/192
Sagu *light*/193
Salada de aipim/104
Salada de verão /105
Salmão com creme de espinafre/139
Salmão com vegetais/140
Sanduichão do papai/106

Sanduíche gigante/107
Sardinha em vinagre/141
Sobrecoxa com frutas/62
Sonhos de chocolate/169
Sonhos de pobre /170
Sopa de couve-flor/145
Streuselkuchen/171
Strudel da Márcia/194
Suflê de ameixa/195
Suflê de couve-flor com queijo/108
Torradas francesas/113
Torta de aipim com frango/114
Torta de bacalhau à italiana/109
Torta de bacalhau à portuguesa /111
Torta de geléia/196
Torta de pudim/197
Torta de queijo/198
Torta fácil de bolacha/199
Torta relâmpago/115
Tortilha de bacalhau fresco /112
Tortinha de queijo/116
Trouxinhas de carne/117
Uva no chocolate/200
Vagem salteada com manteiga e manjericão /118

UMA SÉRIE COM MUITA
HISTÓRIA PRA CONTAR

Geração Beat | Santos Dumont | Paris: uma história | Nietzsche
Jesus | Revolução Francesa | A crise de 1929 | Sigmund Freud
Império Romano | Cruzadas | Cabala | Capitalismo | Cleópatra
Mitologia grega | Marxismo | Vinho | Egito Antigo | Islã | Lincoln
Tragédias gregas | Primeira Guerra Mundial | Existencialismo
Escrita chinesa | Alexandre, o Grande | Guerra da Secessão
Economia: 100 palavras-chave | Budismo | Impressionismo

Próximos lançamentos:
Cérebro | Sócrates
China moderna | Keynes
Maquiavel | Rousseau | Kant
Teoria quântica | Relatividade
Jung | Dinossauros | Memória
História da medicina
História da vida

L&PM POCKET ENCYCLOPAEDIA
Conhecimento na medida certa